新学期生・春期講習生

早稲田アカデミー
イメージキャラクター
伊藤 萌々香
（フェアリーズ）

「　　　　　る子を育てる。」

早　　　　　の教育理念は不変です。

本当に　　になる」なんて長い人生の中でそう何度もあることではありません。
受験が終わってから「僕は本気で勉強しなかった」などと言い訳することに何の意味があるのでしょう。どうせやるんだったら、どうせ受験が避けて通れないのだったら思いっきり本気でぶつかって、自分でも信じられないくらいの結果を出して、周りの人と一緒に感動できるような受験をした方が、はるかにすばらしいことだと早稲田アカデミーは考えます。早稲田アカデミーは「本気でやる子」を育て、受験の感動を一緒に体験することにやりがいを持っています！

入塾テスト

●小学生／算・国 ※新小5・新小6 受験コースは理社も実施
●中学生／英・数・国 ※新中1は算国のみ

毎週土曜日

無料 入塾テスト無料期間は4/19（土）までとなります。

入塾された方
全員にプレゼント

早稲田アカデミー
オリジナルペンケース
（青またはピンク）＆ペンセット

2014年｜高校入試速報（2/21 15:00現在）

全国No.1 5科最難関
開成高・筑駒・筑附高 学大附・お茶附 200名合格

開成高 全国No.1	筑駒高 全国No.1	筑附高 全国No.1	学大附高（一次） 昨年比UP!	お茶附高 全国No.1	慶應女子高 全国No.1
62名合格	16名合格	44名合格	57名合格（男21名 女36名）	21名合格	77名合格
定員100名	定員約40名	定員80名	定員335名	定員約60名	定員約100名

立教新座高 全国No.1	豊島岡女子高 全国No.1	青山学院高 全国No.1	ICU 全国No.1	明大明治高 全国No.1	明大中野高 全国No.1
340名合格	92名合格	115名合格	61名合格	118名合格	151名合格
定員約98名	定員90名	定員約180名	定員240名	定員約100名	定員約165名

※No.1表記は2014年2月当社調べ

お問い合わせ・お申し込みは最寄りの早稲田アカデミーまたは、本部教務部

information
ーインフォメーションー

早稲田アカデミー
各イベントのご紹介です。
お気軽にお問い合わせください。

新中1 新中1学力診断テスト 無料

中学校へ入学する前に実力と弱点を把握しよう！

3/21 祝

▼会　場
早稲田アカデミー各校舎
▼時　間　(WAC除く)
10：00～12：40
※校舎により時間が異なる場合がございます。
詳しい成績帳票で個別の学習カウンセリングを実施。成績優秀者にはプレゼントも！

ネット・携帯で簡単申込み!!

算数(数学)・国語・英語・理科・社会の定着度を総合的に診断します。

・到達診断テストⅠ（算数・数学）	40分
・到達診断テストⅡ（国語・英語）	40分
・到達診断テストⅢ（理科・社会）	40分
・新中1オリエンテーション	20分

新 保護者対象 同時開催
中1ガイダンス 無料

情報満載！早稲アカが教えます。

・中1学習の秘訣
・普通の子が伸びるシステム
・部活と塾の両立のカギ
・地域の中学校事情や入試制度

3/21 祝

※ ガイダンスのみの参加も可能です。
※ お申し込みはお近くの早稲田アカデミーまでお気軽にどうぞ。

※お申し込み・お問い合わせは、お近くの早稲田アカデミー各校舎までお気軽にどうぞ。

新中2 新中3 日曜特訓

お申し込み受付中
お近くの早稲田アカデミー各校舎までお気軽にどうぞ

一回合計5時間の「弱点単元集中特訓」！

4月～7月 実施

難問として入試で問われることの多い単元は、なかなか得点できないものですが、その一方で解法やコツを会得してしまえば大きな武器になります。早稲田アカデミーの日曜特訓は、お子様の「本気」に応える、テーマ別集中特訓講座。選りすぐりの講師陣が、日曜日の合計5時間に及ぶ授業で「分かった！」という感動と自信を、そして揺るぎない得点力をお子様にお渡しいたします。

中2必勝ジュニア

「まだ中2だから……」なんて、本当にそれでいいのでしょうか。もし、君が高校入試で開成・国立附属・早慶など難関校に『絶対に合格したい!』と思っているならば、「本気の学習」に早く取り組んでいかなくてはいけません。大きな目標である『合格』を果たすには、言うまでもなく全国トップレベルの実力が必要となります。そして、その実力は、自らがそのレベルに挑戦し、自らが努力しながらつかみ取っていくべきものなのです。合格に必要なレベルを知り、トップレベルの問題に対応できるだけの柔軟な思考力を養うことが何よりも重要です。さあ、中2の今だからこそトライしていこう!

中3日曜特訓

受験学年となった今、求められるのは「どんな問題であっても、確実に得点できる実力」です。ところが、これまでに学習してきた範囲について100%大丈夫だと自信を持って答えられる人は、ほとんどいないのではないでしょうか。つまり、誰もが弱点科目や単元を抱えて不安を感じているはずなのです。しかし、中3になると新しい単元の学習で精一杯になってしまって、なかなか弱点分野の克服にまで手が回らないことが多く、それをズルズルと引きずってしまうことによって、入試で失敗してしまうことが多いものです。真剣に入試を考え、本気で合格したいと思っているみなさんに、それは絶対に許されないこと!　ならば、自分自身の現在の学力をしっかりと見極め、弱点科目や単元として絶対克服しなければならないことをまずは明確にしましょう。そしてこの「日曜特訓」で徹底学習して自信をつけましょう。

本部教務部 03（5954）1731 までお願いいたします。

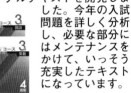

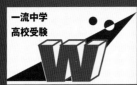

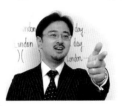

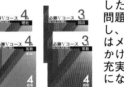

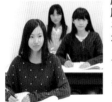

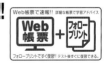

東大手帖 ～東大生の楽しい毎日～

現役東大生が東大での日々と受験に役立つ勉強のコツをお伝えします。

東大は能力を伸ばせるチャンスの宝庫

Vol.01

text by 一（イチ）

　はじめまして！　今月から連載を始める、東京大学文学部３年の一（イチ）です。大学ではおもに中国の文化や歴史を学んでおり、中国語もそれなりに話せますよ。サークル活動や勉強、受験のことなどを話していこうと思うので、よろしくお願いします。

　さて、「東大生」と聞いてみなさんはどんなイメージを持つでしょうか。「賢そう」「頭が固そう」「勉強ばかりしてそう」など色々あるはずです。実際に、東大生が初対面の人と接すると「東大ですか、すごいですね！」とよくほめられます。普段は「そんなことはないですよ」と謙虚になるのですが、今日はここぞとばかりに自慢して、東大のすばらしさを伝えようと思います。

　みなさんは将来の夢は決まっていますか？　まだ決まっていないあなた、それならぜひ東大をめざすべきです。東大は「チャンスの宝庫」です。総理大臣、社長、小説家、弁護士、エンジニア、公務員、サラリーマン…。東大生はなんにだってなれます。先輩や同級生、大学の先生にすごい人がたくさんいるので、そうした人たちに助けてもらったり競いあったりしていくうちに、自分も成長できるんです。

　「チャンスの宝庫」といえば、東大の国際プログラムは非常に魅力的です。みなさんのなかには「海外旅行したいな」「留学してみたいな」と考えている人も少なくないんじゃないでしょうか？　そんなグローバル派のあなたこそ東大に来るべきです。東大では、長期休暇に１週間から１カ月の短期海外プログラムがたくさん用意されています。ネパールでボランティア、パリで現地の大学生と芸術鑑賞、ハリウッドで映画製作、などなど魅力的なものばかり。ぼくは去年の春に中国・南京大学でフィールドワークに参加しました。中国の学生と白熱した議論を行い、ときには言い争いにもなったけれど、プログラムが終わると仲良く夜ご飯を食べて交流を深めました。こんな貴重な経験が東大では一般旅行会社が行っているものの半額以下、なかには無料で行えるものもあります。お金はないけど時間はある。知らない国を冒険したい。そんな意欲ある学生に、東大は必ずチャンスを与えてくれます。

　「海外プログラムなんて、外国語が使える優秀な人じゃないとできないんじゃ…」と心配する必要はありません。東大は外国語の授業が多く、外国語が話せないとそもそも卒業できません。苦手でもやる気がなくても、入学してしまえば英語ともう１つの外国語くらいは絶対に話せるようになります。ぼくの場合、英語は高３時に偏差値50を下回るひどい成績で、入試本番まで英語が足を引っ張る状況でした。それでもいまは英語と中国語はちゃんとしゃべれます。

　東大は外国語能力だけではなく、学生たちが持っている能力を精いっぱい伸ばしてくれます。元総理大臣やキャスターなどの有名人、立派な先生の講義がたくさんありますし、こうした普段会えない人の講演会に参加することで、新しい知識を得ることができます。

　また、東大の附属図書館の本の数をすべて合わせると約900万冊にもなります。この数は日本の大学で一番多いため、本に困ることもありません。

　将来大きな仕事をしたい人、とにかく冒険したい人、能力を磨きたい人。東大生としての自分を少しでも想像できたいまがチャンスです。「来年度から頑張る」ではなく、ぜひいまから東大めざして勉強してみてはいかがでしょうか。

勉強も部活動も頑張りたいキミに

両立のコツ、教えます

いよいよ新学期。学年が変わり（または新しく中学生になり）、部活動をしているみなさんのなかには、勉強との両立に悩んでいる人もいるのではないでしょうか。そんなみなさんのために、高いレベルで「文武両道」を実践している高校の部活動の先生や生徒さんにお話を伺ってきました。これを読めば、「両立のコツ」がつかめること間違いなし！

東京都
私立
共学校

早稲田実業学校高等部

わせだじつぎょう

早稲田大の系属校として、大学への推薦制度が整っているため、受験勉強にとらわれることなく3年間の学校生活を満喫することができます。

ハイレベルな両立を実践する文武両道の系属校

Pick up 2013年度 インターハイ出場（団体・個人ダブルス） 硬式テニス部

顧問 玉井（たまい）邦彦（くにひこ）先生

「何事もバランスよくこなしてほしい」

勉強と部活動を両立するためには、なぜ両立しなくてはならないのかという理由づけをしっかりすることが大切だと思います。高校生ですと、どうしても自分のやりたい部活動に比重を置きがちですが、そのほかの勉強やクラスの仕事など、やらなければならないこともバランスよくこなしていかなくてはならない、それらをきちんとやることが部活動にもプラスになると話しています。物事をバランスよくこなす能力は大学生や社会人になってからも一生必要になってくるので、テニス部では練習後の反省の時間などで常々説明しています。

本校の全校朝礼では大会でよい成績を残した部活動の表彰がよく行われます。部活動に熱心に取り組む生徒が多く、勝負の世界の大変さをお互い理解しあっているため、相手を認めて称える文化というのが学校全体に根づいていると感じます。勉強ができない生徒にできる生徒が教えたりと、みんなで助けあいながら両立をめざしています。

昨年の関東選抜高校テニス大会の女子団体の部で準優勝した女子部のみなさん。

Pick up 2013年度 関東大会出場 バスケットボール部

顧問 戸坂（とさか）勝（まさる）先生

「部活で磨いた分析力を学習でも活かしています」

個人の能力が高いだけでは勝てないところがチーム競技の難しさですが、周りに助けられることもあれば、自分が率先して周りを鼓舞することもある、持ちつ持たれつなのがチーム競技のいいところです。レギュラーとして活躍する生徒は、チームにいまなにが必要なのか、そのために自分にはなにができるのかといった状況を分析する力に長けています。彼らはその分析力を学習でも発揮しており、授業中に押さえるべき重要なポイントはどこかということを分析し、要点をノートに書き込むので、授業内である程度復習を完成させることができるのです。

バスケットボールは冬にも大きな大会があるので、勝ち進むと高3の12月まで活動することになりますが、早稲田大の系属校ですので、最後まで全力で取り組むことができます。早稲田大推薦のための重要な試験が10月にあるため、夏休みは勉強に集中するよう指導しますが、文化祭の準備で登校する生徒も多く、高3でも充実した学校生活を送っています。

かつてはインターハイで準優勝したこともある早実の男子バスケットボール部。

埼玉県
公立
男子校

埼玉県立浦和高等学校

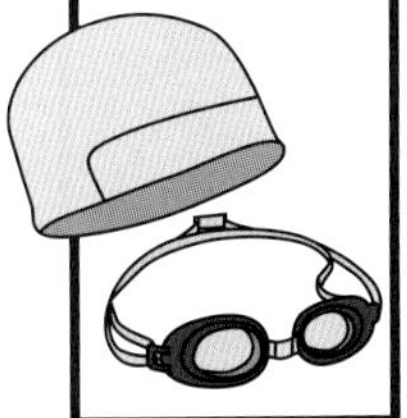

校訓に掲げる「尚文昌武」は「文を尚び、武を昌んにす」という、まさに〈文武両道〉を意味しています。高校生活のすべてに全力で取り組む校風が魅力です。

Pick up 2013年度 インターハイ出場 **水泳部**

充実感や達成感が自分自身を成長させる

顧問 **菊地優作先生**
副顧問 **圓谷修平先生**

「やりきった達成感を経験することの大切さ」

菊地先生 勉強に取り組むことはもちろん大切ですが、それはだれでもやっていることです。では将来社会に出たときにどこで差がつくのかというと、勉強以外のことをどれだけ頑張ってこれたか、そういった経験が重要だと本校では考えています。

圓谷先生 勉強と部活動の両立がうまくできている生徒は、授業は授業で集中し、部活動は部活動で頑張るというように、メリハリがついているなと感じています。また、高3の引退まで部活動をしっかりやってきた生徒の方が、大学合格実績も出ています。部活動を最後までやり遂げた充実感や達成感を経験することが、受験勉強にも活きているようです。何事にも全力で頑張る方が、高校生活は楽しくなると思います。

菊地先生 朝や放課後の自主学習は、教員の指導というよりも、先輩たちがやっている姿を見て自分たちもやるというような伝統によるところが大きいようです。勉強も部活動も頑張ったぶんだけ仲間ができます。仲間の存在は一生の財産です。学校生活を通してたくさんの仲間を作ってほしいですね。

大会での集合写真。

部員 **坂田真輝さん（高2）**

「朝と部活動後に学校で勉強 文武両道できる環境がある」

昨年度インターハイの50mと100mの自由形に、それとチームで400mリレーに出場しました。中学から水泳部で、部活動は志望校選択の大きな要因でした。浦和高校（以下、浦高）は屋内プールもあり、水泳部も毎年インターハイに出場していたので受験を決めました。

部活は基本的に日曜日以外は毎日あります。放課後の練習時間は16時～18時半まで。毎日の勉強時間ですが、まずは朝7時ごろに学校に行って授業が始まるまで教室で勉強をします。そして放課後の部活のあとにも教室で1時間くらい勉強してから帰っています。朝はその日の予習をやり、放課後は復習や問題集に取り組んだりすることが多いです。

浦高では多くの生徒が朝と放課後に教室で勉強をしています。みんなやっているので自然とやる気が起きますね。部活と勉強の両立は大変ですが、どちらも一生懸命やれば充実感もあるし、毎日楽しいです。

自慢の屋内プール。

その他の実績を残している部活動

ラグビー部 全国高校ラグビー大会出場
陸上部 インターハイ出場（すべて2013年度）

東京都　私立　別学校

國學院大學久我山高等学校

優秀な大学合格実績もさることながら、そうした大学に合格する生徒たちが主力になって、さまざまな運動部が優秀な成績を収めています。

「部活動だけ」ではダメという雰囲気がある

Pick up　2013年度 インターハイ、全国高校選手権出場

サッカー部

顧問　時﨑一男先生

「負担感がないよう少しずつ継続していきましょう」

本校には、サッカー部以外にもラグビー部、バスケットボール部など、立派な成績を残している部活動はいくつもありますが、どの部も「運動だけしていればいい」という考えはありません。

部員のなかで勉強ができる生徒は家に帰って勉強をします。スポーツ選抜組はサッカーだけをして、家で勉強をしない、ということは認めません。片方しかやらないと、どうしてもバランスが悪くなり、社会に出てもそれを引きずってしまいます。

だから、スポーツ選抜の生徒はその子たちだけのクラスがあるのですが、彼らは部活動だけをしているということはありません。サッカー部の場合、彼らと、別のクラスの生徒とで、同じ土俵で小テストの点数対決をしたりもします。

スポーツで培う集中力は勉強でも活かせます。両立は大変ですが、それができるということは切り替えがしっかりできるということ。負担感があるとなかなかできないので、少しずつでいいから、合間に息抜きを入れながら、継続していくことで両立ができるようになります。

昨年12月30日の全国高校選手権1回戦の得点直後の1枚です。

部員　小澤直之さん（高2）

「片方がうまくいかないときももう片方が支えてくれます」

ぼくは中高一貫生ですが、中学時代は地元のクラブチームでサッカーをしていました。練習は夜の7時からだったので、帰宅してから勉強する時間がとれませんでした。

だから、中学生の間は、授業が終わると学校の図書室で勉強をして、それから直接クラブチームの練習に参加するようにしていました。

高校からは学校のサッカー部に所属しています。ぼくはSTクラス（いわゆる特進クラス）ですが、それ以外のクラスやスポーツ選抜クラスの人も、どの部活動でも、「勉強はしっかりしておかないと」という雰囲気があります。

学校の授業以外でも毎日2時間半の勉強をするようにしているので、両立は簡単ではありません。でも、通学の電車の時間を有効に使ったりしています。レギュラーだったSTクラスの先輩は、理系クラスで授業が多く、練習時間はほかのクラスの人より短かったですが、切り替えがとてもうまかったです。

片方がうまくいかなくても、もう片方を頑張っているうちにダメだった方も持ち直してきたりと、片方に支えられながら頑張ることができるのが、両立のいいところだと思います。

その他の実績を残している部活動

バスケットボール部　インターハイ出場　**陸上部**　個人 インターハイ出場
ラグビー部　全国高校選手権東京都予選準優勝
（すべて2013年度）

千葉県
私立
共学校

市川高等学校（いちかわ）

興味のある活動に全力で挑戦できる

日々の学習や部活動のほか、SSH指定校やユネスコスクール加盟校としての取り組みも盛んで、色々なことに熱心に取り組む生徒が多いのが特徴です。

Pick up 2013年度 インターハイ出場（シングルス） 卓球部

顧問 三浦（みうら）修平（しゅうへい）先生

「時間を有効に使うことと目標を持つことが大切です」

卓球部では勉強が第一、部活動は第二という指導をしています。部活動がネックになって、勉強ができないということであれば勉強をした方がいいとアドバイスをしますが、時間を有効に使って、勉強と部活動をうまく両立させている生徒が多いのが卓球部の特徴です。

練習メニューの作成はすべて生徒に任せているので、生徒は与えられた練習時間で効率のよい練習を行う工夫をしています。部活動で培った時間の活用法は、学習にも役立っており、練習前の時間や、大会の待ち時間など時間を見つけて勉強する姿が多く見られます。

また、時間を有効に使うことのほかに、目標を持つことも大切だと感じます。将来なにになりたいかという学習面での目標や、関東大会に出場したいという部活動面での目標をそれぞれ設定することで、目標を達成するために努力することができます。個人の目標のほかに、卓球部では部全体の目標も定めています。1つは上部大会に団体戦で出場すること、もう1つは関東の進学校で一番強い卓球部になることです。

1対1で打ち合うフットワーク練で、フットワークを磨きます。

部員 松永（まつなが）尚也（なおや）さん（高2）

「疲れるけれど部活動も勉強も頑張っています」

疲れていても勉強をするのは当たり前だと感じているので、平日は部活動を3時間したあとに、自宅で2時間勉強しています。

勉強を頑張りたいからといって、そのぶん部活動であまり動かないというのはダメだと思うので、部活動も全力で頑張っています。全力でやると疲れも大きいですが、疲れていないときよりも勉強がはかどる気がします。

帰宅後の勉強は、その日にあった授業の復習をメインにして、記憶を定着させることをめざしています。2時間という限られた時間のなかで1日の授業で勉強したすべての教科を復習するのは難しいので、優先順位をつけて、理解しづらかった部分を重点的に復習しています。科目ごとに勉強するというより、部分ごとに勉強していくことで、どの教科もまんべんなく触れることができるので、苦手科目を作ることなく勉強できています。

ときには部活動の休憩時間に数学の問題集を解くこともあります。休憩時間は基本的に10分なので、ページはあまり進みませんが、その短時間に1度触れておくことで、帰宅してから勉強するときも内容がスムーズに頭に入ってくるようになります。

その他の実績を残している部活動

水泳部　インターハイ出場　**スキー部**　インターハイ出場
ハンドボール部　関東選抜大会出場　（すべて2013年度）

埼玉県 私立 共学校

栄東（さかえひがし）高等学校

集中と切り替えで時間を有効に使う

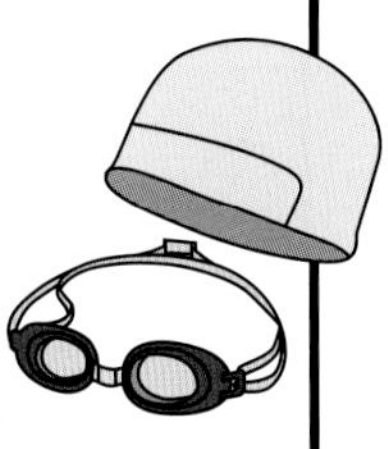

「日本一になれとは言わない。日本一の努力をしよう」をキャッチフレーズに、多くの生徒が部活動に励み、勉強との両立を図っています。

Pick up

2013年度
全国JOCジュニアオリンピックカップ出場

水泳部

顧問 丸（まる）光弘（みつひろ）先生

「楽しみを見つける
それが両立のカギ」

学校全体で補習や自習のサポート体制を整えているので、部ではとくに勉強の指導はしていません。

水泳部の練習は月～土曜日に、1時間半～2時間です。限られた時間のなかで、いかに効率よく練習できるかを常に考えています。全国レベルの大会に出る選手のメニューはとてもきついですが、それを乗り越えなければ本番で勝つことはできません。自己ベストを出したときや大会で勝ったときの喜びは、頑張る原動力となります。つらいなかに楽しみを見つけることが大切です。タイムが伸びている生徒は、学力も伸びているので、ハードな練習に耐えて身につけた粘り強さを勉強にも活かせているのでしょう。

部員を見ていて感じるのは、集中力があって、切り替えができているということです。短時間の練習に集中して取り組み、気持ちを切り替えて今度は勉強に集中する。時間を有効に使えている生徒が多いですね。

勉強と部活動の両立は大変です。しかし、本気で頑張る生徒を学校は全力で応援するので、高い目標を持って両立に励んでほしいですね。

屋内の温水プールと陸上トレーニングで
日々身体を鍛えています。

部員 堀尾（ほりお）多輝人（たきと）さん（高2）

「好きなことだから
頑張っていける」

勉強も練習も短い時間ですが、どちらも思いっきり集中して行います。つらくて投げ出したくなるときもありますが、水泳は好きですし、勉強は自分のためになるので、自然と両立する気持ちになります。

勉強は毎日2時間ほどしています。部活後に実施される補習を受けたり、22時まで開放されている教室で自習をすることもあります。疲れて夜に勉強ができなかったときは、翌日8時に登校してHRまでの35分間に自習をします。気がねすることなく先生に質問できる雰囲気があるので助かっています。

授業は丁寧でわかりやすいので、日々の勉強は予習よりもおもに復習にあてています。最初に優先順位を考えて、その日のノルマを決めて勉強を始めます。時間がかかっても、そのノルマは必ず終わらせるようにしています。クラスメイトも頑張って勉強しているので、それもいい刺激になっていると思います。

練習でタイムが伸びなかったり、学業の成績が落ちたりしたときもありましたが、あきらめずに続けたからこそ、いまがあります。両立は大変ですが、自分のやりたいこと、好きなことなので、3年の夏に部活を引退するまで全力で頑張ります。

その他の実績を残している部活動

クイズ研究会　全国高等学校クイズ選手権関東大会準優勝
超難問コロシアム［Z1］全国大会ベスト4

アメリカンフットボール部　NEW YEAR BOWLⅢ
（東西高校オールスターゲーム）出場（すべて2013年度）

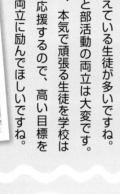

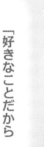

精神科医からの処方箋

子どものこころSOS

大人の知らない「子どものこころ」。そのなかを知ることで、子どもたちをめぐる困難な課題を克服する処方箋を示唆。気鋭の精神科医・春日武彦が「子どものこころ」を解きほぐし、とくに受験期に保護者がとるべき態度や言動をアドバイスします。

A5版　224ページ
定価　2,100円（税込）
ISBN4-901524-80-1

精神科医
春日 武彦　著

「率直に言って、受験を迎えるお子さんがいるご家庭においては、親子ともに『こころの健康マネージメント』が必要だと感じています。しかし、これを実際におこなっていくのは、なかなかむずかしい。本書は、現実生活のなかでどう対応したらよいのかを、学説や教育論ではなく、こころに届く絶妙な筆致で綴った得難い一冊です」
（教育評論家・森上展安）

子どものこころ？

受験期にはどう接すればいい？

子どもとうまくつきあいたい

★ご注文方法
本書は一般書店にてお買い求めになることができます。万が一、書店店頭に見当たらない場合には、書店にてご注文のうえ、お取りよせいただくか、弊社営業部までご注文ください。ホームページからもご注文いただけます。

株式会社 グローバル教育出版
〒101-0047 東京都千代田区内神田２－４－２　グローバルビル３階
TEL：03-3253-5944（代）　FAX：03-3253-5945

水族館・動物園・博物館などの
ガイドツアーに行こう！

水族館・動物園・博物館などの施設で行われているさまざまなガイドツアーを知っているかな。今回の特集では、楽しくてためになるガイドツアーの魅力を紹介するよ！

おすすめの理由1 楽しくて勉強になる！

ガイドツアーには色々な形式があるけれど、多くの場合その施設で働いている職員さんがガイドとなり、生き物の生態やその施設の仕組みなどについて詳しく説明をしてくれる。実際に説明を受けながら見学すると、記憶にも残りやすいよね。だから、普通に見に行くよりも勉強になる。ガイドツアーは、楽しく学べる最高の機会なんだ。

おすすめの理由2 バックヤードが見られることも！

ガイドツアーのなかには、水族館の水槽の裏側や、生き物たちへの食事を準備する施設など、普段は入ることのできないバックヤードを案内してくれるものもある。こうした貴重な体験ができるのもすごいよね。

参加方法は各施設によって異なる。定員や集合時間が決められていたり、予約が必要な場合もあるので、ホームページなどで事前に確認しておくといいよ。

体験Report!

取材日2月22日（土）

ガイドツアー

「亜寒帯の森」のレッサーパンダやアムールヒョウなど９種類の動物をガイド（※３月以降はエリアが変わります）。

ゴールデンターキンはこんな動物。知っていたかな？

▲ガイドツアーはゴールデンターキンの前から始まります。20名ほどの参加者が集まりました。

ふわふわ

▲レッサーパンダの説明では、毛皮に触ることができます。毛皮は以前飼育していたレッサーパンダのもので、死後も教育資料として役立ってくれています。

▲こんな風に、檻の前で生き物を見ながら説明を聞くことができます。

▲ユーラシアカワウソの説明でも毛皮が登場。泳いでも水分がすぐ乾くように短いという毛の様子がよくわかります。

ツアーガイド **青柳 さなえ**さん

ガイドするエリアや実施曜日・時間は3カ月ごとに変わります。所要時間は20～30分程度です。3月からは「アフリカの熱帯雨林」エリアで、おすすめは一番人気のオカピですね。動物の野生での生態はもちろんですが、飼育している動物の愛称や性格なども紹介し、身近に感じてもらいたいです。

▲ガイドツアーで用いられるヤマアラシの針や脱皮したヘビの皮などの資料。

台所見学ツアー

動物園のバックヤードに入って動物たちの食事を作る施設の見学ができます。

◀バックヤードに入れる貴重な体験。スマトラトラの檻を裏側から見ることもできました。

▼ここが動物園の台所。このツアーに参加しなければ見られない場所です。

▲ライオンのエサの入ったバケツ。大きな塊の馬肉などが入っています。

▲さまざまな種類の飼料。

▲オランウータンやチンパンジー用の、牛乳、ハチミツ、ヨーグルト。

▲食べやすいように蒸された野菜。

▲草食動物のエサの棚。動物ごとにバケツが用意されています。

▲マイナス20℃の冷凍庫の様子。

▲エサを保管している大型の冷蔵庫や冷凍庫に入る体験もできます。

よこはま動物園ズーラシア

動物園

ガイドツアー（アフリカの熱帯雨林）

毎週月曜　13:30～（3～5月）
※5/5は実施しません
定　員：なし

台所見学ツアー

毎週土曜　13:30～
定　員：20名（当日先着順に予約）

両ツアーとも、
参加費：なし（入園料に含む）
対　象：制限はなし

今年開園15周年を迎える動物園。世界の気候帯・地域別に分けて動物展示がされている「ズーラシア」に暮らす動物たちの見どころをエリアごとに案内する「ガイドツアー」と、動物たちの食事を準備している施設の見学ができる「台所見学ツアー」が人気。

お問い合わせ
TEL:045-959-1000

水族館・動物園・博物館などの
ガイドツアーに行こう!

博物館
国立科学博物館
（筑波研究施設・筑波実験植物園）

科博オープンラボ2014

4/19(土) 10:00～16:00
(最終受付 15:30)
定　員:開催するイベントによる
参加費:なし
対　象:制限はなし

研究施設と標本資料の収蔵庫がある国立科学博物館筑波地区では、毎年４月に普段公開していない研究エリアを特別に見学できるオープンラボを行っている。この日しか見られない標本を眺めるもよし、研究員とふれあうもよし。年に一度の貴重な機会をお見逃しなく。

お問い合わせ
TEL:029-853-8901

水族館
鴨川シーワールド

トロピカルナイトステイ

3/21(金)、22(土)、4/5(土)
定　員:45名
参加費:大人10,500円(高校生以上)
　　　小人8,500円(小・中学生)
対　象:小学生以上
電話による事前予約が必要。春・夏の長期休暇の時期に開催。

魚を見ながら寝袋で夜を過ごす、そんな貴重な体験ができて、ほかにもベルーガ（シロイルカ）とふれあえたり、飼育員と夜の水族館を見学できるなど、魅力的な内容になっている。当日と翌日は入園料が無料なので２日間思いっきり水族館を楽しむこともできる。

お問い合わせ
TEL:04-7093-4803

動物園
上野動物園

ガイドツアー

火～土曜日 11:00～
定　員：なし(ただし10名以上のグループは別プログラム、要事前相談)
参加費：なし(入園料に含む)
対　象：制限はなし

日本で最初の動物園・上野動物園のガイドツアーは、動物解説員が約45分にわたって園内をじっくりと案内してくれる。また、春休みには「動物たちに春のごちそう！」など、特別イベントも開かれる。ここでしか見られない動物の生態をぜひ観察しよう。

お問い合わせ
TEL:03-3828-5171

図書館
国立国会図書館
国際子ども図書館

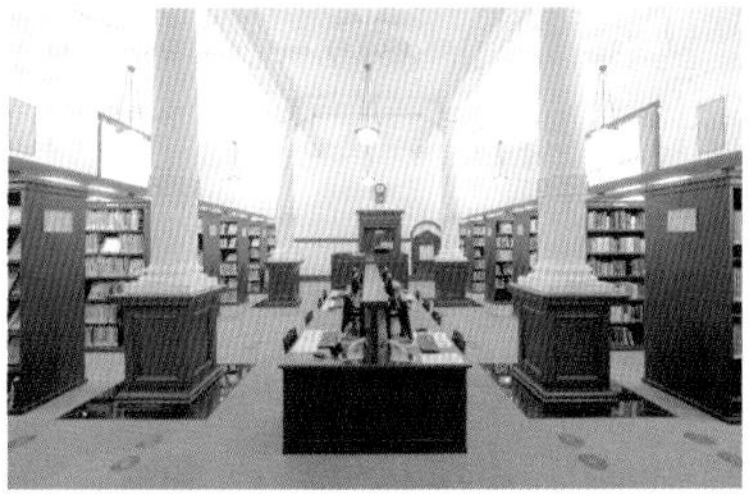

ガイドツアー

毎週火・木曜日 14:00～
定　員:20名
参加費:なし
対　象:制限はなし
電話による事前予約のほか、
定員に余裕があれば当日申込も可。

館内や一般公開していない書庫などをスタッフが案内してくれるガイドツアー。夏休みには中高生向けの「中高生のための『国立国会図書館の仕事』紹介」というイベントも開催されているので、図書館の仕事に興味があるキミにはこちらもおすすめだ。

お問い合わせ
TEL:03-3827-2053

水族館
横浜・八景島
シーパラダイス

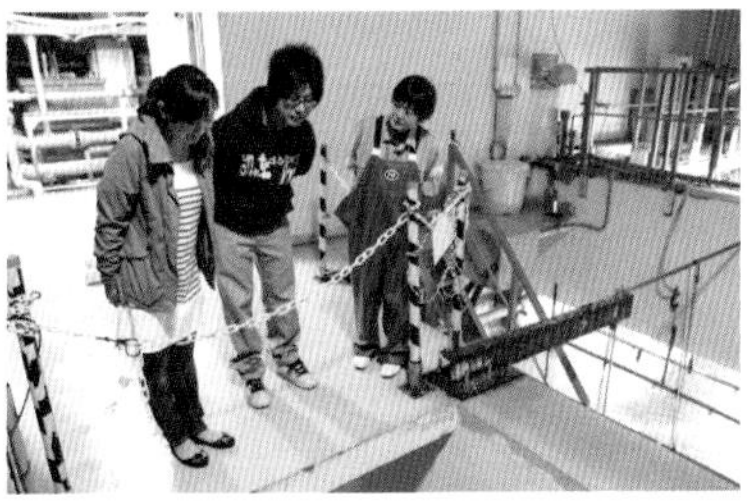

アクアミュージアム バックヤードツアー

毎日1、2回
(時間はHPにてご確認ください)
定　員:15名
参加費:500円
対　象:制限はなし

餌を準備する調餌場(ちょうじば)、展示予定の魚や赤ちゃんの魚が飼育されている予備水槽など、水族館の裏側を見て回る約30分のツアーだ。ほかにも、ショーで活躍するイルカたちが生活するプールを見学できる「アクアスタジアム バックヤードツアー」もある。

お問い合わせ
TEL:045-788-8888

動物園
多摩動物公園

ガイドツアー

月・金 14:00～、土・日・祝日 11:00～
定　員：なし(ただし５名以上のグループは別枠で受け付け)
参加費：なし(入園料は別途。ただし小学生以下および都内在住または在学の中学生は入園も無料)
対　象：制限はなし

多摩動物公園では、動物たちが広大な敷地で伸びのびと暮らしている。また、トキやニホンコウノトリなど希少動物の繁殖にも取り組んでいる。ガイドツアーは、そんな動物たちをいっしょに見ながら解説員が解説してくれる、だれでも楽しめる内容になっている。

お問い合わせ
TEL:042-591-1611

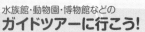

SCHOOL EXPRESS

KEIO SENIOR HIGH SCHOOL

慶應義塾高等学校

神奈川　横浜市　男子校

自主性と気品を重んじ「全社会の先導者」となる人材へ

神奈川県にある慶應義塾高等学校は、慶應義塾大日吉キャンパス内に校舎を構える男子校です。緑多く広大なキャンパスはまさに恵まれた環境。生徒たちは、それぞれ伸びのびと勉学やクラブ活動に励んでいます。カリキュラムでは基礎学力と総合的な学力の育成に重点が置かれ、国際交流・留学制度なども充実しています。

羽田（はだ）　功（いさお）　校長先生

慶應義塾の理念を基に特色ある教育を展開

日吉駅前に広がる慶應義塾大日吉キャンパス。銀杏並木のなだらかな坂をのぼると、右手に慶應義塾高等学校（以下、慶應義塾高）の校舎があります。1948年（昭和23年）、慶應義塾第一高等学校と慶應義塾第二高等学校が設立され、翌年に統合されて慶應義塾高等学校となったのが始まりです。白亜の外観を持ち、大きな柱の間に校名と慶應義塾のペンマークを掲げた正面玄関が特徴的な校舎は、1934年（昭和9年）竣工。慶應義塾高が使用する前は慶應義塾大予科校舎として使われていたとい

う歴史があり、「かながわの建築物100選」にも指定されています。

慶應義塾高は、「福澤精神に則り、独立自尊の気風にとみ、自主性と気品を重んじ、将来『全社会の先導者』となる人材の育成」を教育の目的としています。羽田功校長先生は「慶應義塾の理念としての福澤精神は『独立自尊』『半学半教』『気品の泉源』『智徳の模範』といった言葉で表されています。本校の生徒には、自分の足で立つ〈自立の力〉と自分を律していく〈自律の力〉、そして人間関係をスムーズに行える〈社交力〉。この3つの力が大事だと話しています。〈自立の力〉と〈自律の力〉は福澤精神の『独立自尊』に、〈社交力〉は『半学半教』の体現につながります。また、『気品の泉源』『智徳の模範』は、品性を磨き、人徳を磨くことを表しています。こうした慶應義塾の理念を基に、一貫教育校としての特色ある教育を展開しています」と話されました。

教養教育を重視した カリキュラムを実施

カリキュラムは2013年度（平成25年度）から新しくなりました。高1・高2の2年間で基礎学力をつけることが重視され、音楽・美術と第2外国語の選択必修科目以外は共通履修となっていることが特徴です。早いうちから文・理に分けず、どの科目も広く学び総合的な力をバランスよく育むことがめざされているのです。

高3からは、文系・理系学部への進路方向により、選択科目が設定されています。選択科目は、医学部へ進学する場合は数Ⅲ・化学・生物が必須選択科目となるなど、進学希望学部によっていくつかの条件があるので、自分の希望に合わせて授業を選択していきます。

「教養教育とは、いわば人間が生きていくうえでの基盤を作る教育です。その第一歩が本校での教育だと考えています。」（羽田校長先生）

慶應義塾大への進学指導は、学部説明会やキャンパス見学会などが行われ、なかには1年次から参加できるものもあります。また、キャリア教育の一環として、社会の第一線で活躍する卒業生の話を聞く「将来展望講座」も設けられています。

慶應義塾大への推薦は、本人の希望を尊重しながら、高校3年間の定期考査や卒業研究などの成績、学校行事・部活動への活動状況などが総合的に評価され、進学する学部が決定されます。

大学との連携は推薦制度だけではなく、さまざまな高大連携教育を実施しています。

「経済学部の教授が本校を訪れ、高校生向けの経済学の講義をしてくださいます。また、商学部では、本校の生徒が大学の講義に参加することができ、試験を受けて合格できた場合には、大学入学後に単位として認められる単位認定制度もあります。理工学部では、3年生の希望者限定ですが、高校生が講義に参加することもできます。

施設利用の面でも高大連携が行われています。本校の生徒は、日吉キャンパスの大学図書館を使うことができます。広々として緑豊かな日吉キャンパス内に校舎があるという環

クラブ

野球部

クラブ活動の盛んな慶應義塾高では、体育系・文化系併せて83の団体が活動しています。全国レベルで活躍するクラブも多く、また、航空部や自動車部、馬術部など珍しいクラブもあります。

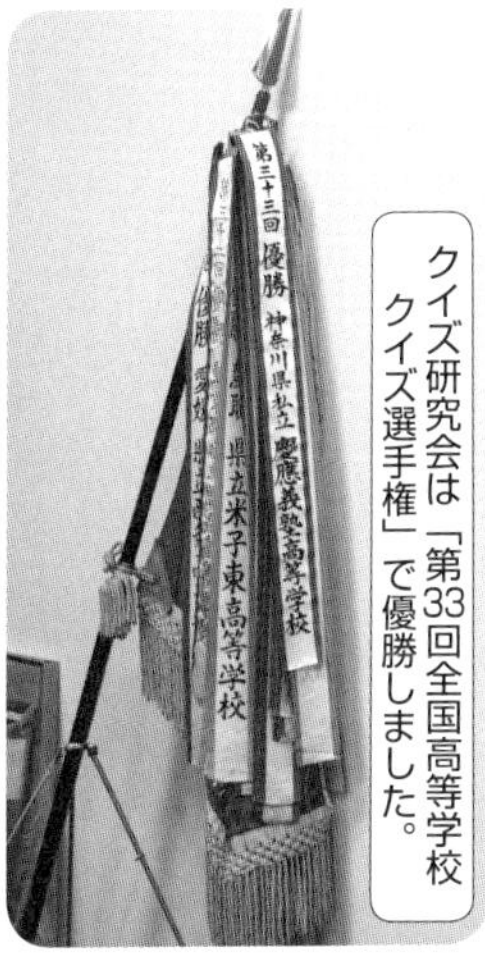
クイズ研究会は「第33回全国高等学校クイズ選手権」で優勝しました。

剣道部

アメリカンフットボール部

蹴球部（ラグビー）

学校行事

陸上運動会

10月の陸上運動会は日吉キャンパスの陸上競技場で開催されます。

校内球技大会

6月の校内球技大会では、学年ごとに各種球技をクラス対抗で競いあいます。

日吉祭

秋季に行われる日吉祭（文化祭）。多くの来場者で毎年盛りあがります。

境も特色ですし、なによりも入学生が身近にいることが、生徒にとって大きな刺激となっています。」（羽田校長先生）

第2外国語や留学制度など国際理解教育も充実

慶應義塾高では、2年次に第2外国語が必修となっています。ドイツ語、フランス語、中国語のいずれかを選択し、希望者は3年次も継続して履修できます。

3年次には卒業研究があります。生徒1人ひとりの関心に応じた勉強の機会を提供したいという学校の想いが込められています。1年間かけて行われる卒業研究では、必修科目を通して得られた知識を活用し、テーマを絞った研究や学習をするなかで、問題発見能力・問題解決能力・思考力・表現力などの総合的な知性が養われていきます。

国際交流や留学生制度にも力が入れられています。1つ目は慶應義塾高主催の、イギリスの「キングスカレッジ・スクールプログラム」（1・2年生対象）です。ウィンブルドンにある名門パブリックスクールとの間の2週間の交換留学制度です。

2つ目の「プナホウ・スクールプログラム」はアメリカ・ハワイ州のプナホウ・スクールへ、慶應義塾の4高校（慶應義塾高・慶應女子高・慶應湘南藤沢高・慶應志木高）から約25名の生徒が参加します。

3つ目も、同じく慶應義塾の4高校の生徒が参加する「アメリカ本土留学プログラム」です。ワシントンDCにあるセント・オルバンス・スクールへ4高校から数名留学できます。これらの交換留学では、外国語学習のほかに、授業への参加やホストファミリーとの交流を通してさまざまな体験ができます。

4つ目は、2014年度（平成26年度）から行われる、慶應義塾の一貫教育校派遣留学制度です。これは、アメリカの高校でトップ校といわれるディアフィールドアカデミーとタフトスクールの2校へ1年間生徒を派遣する本格的な留学制度です。4高校から計2名が選ばれ、渡航費や滞在費も出るという充実した内容で、注目を集めています。

かけがえのない高校生活を伸びのびとした環境で過ごす

慶應義塾高には、慶應義塾普通部と慶應義塾中等部からの生徒と、高校入試を経た生徒が入学します。それらの新入生は各クラスに同じ割合で配分され、互いに切磋琢磨しなが

学校施設

南側グラウンド

図書室

日吉キャンパスの銀杏並木

第一校舎

300mの銀杏並木をはじめ、日吉キャンパスの緑豊かな環境が自慢です。8万冊を超える蔵書を持つ図書室やプラネタリウム、人工芝の南側グラウンドなど、施設面も充実しています。

ら成長します。

学校行事も盛んで、年間を通してさまざまな行事が用意されています。新入生歓迎会、親睦旅行、球技大会、選択旅行、陸上運動会、日吉祭など、どれも心に残る思い出となることでしょう。

夏休みと春休みに行われる選択旅行は、慶應義塾高独自の行事です。高校3年間で4回行われるこの旅行は、1～3年生までの希望者が参加することができます。海外も含めて各回10前後のコースが用意されています。3年間で最低でも1回の参加が義務となり、もちろん4回すべて参加することも可能です。異なる学年の生徒といっしょに旅行に行くことで、新しい人間関係を育むよい機会となっています。

部活動も盛んで、9割の生徒がクラブ活動に参加しています。人工芝のグラウンドやアメリカンフットボール専用グラウンド、野球場もあるなど、設備面も充実しています。体育系のクラブでは大学の体育会と合同練習を行うこともあり、大学の施設を利用することもできます。

日吉の広大なキャンパスで、慶應義塾高生たちは大学受験に縛られない教育のなか、将来の夢に向かって躍動しています。「大学といっしょのキャンパスという恵まれた環境で、人間としての基礎、土台作りに励むことができます。本校を志望する生徒さんは、慶應義塾高が求める生徒像をよく意識して入試にチャレンジしてほしいと思います。」（羽田校長先生）

School Data

所在地　神奈川県横浜市港北区日吉4-1-2

アクセス　東急東横線・東急目黒線・横浜市営地下鉄グリーンライン「日吉駅」徒歩1分

生徒数　男子2163名

TEL　045-566-1381

URL　http://www.hs.keio.ac.jp/

2学期制　週5日制

月・火・水・金6時限、木7時限　50分授業

1学年18クラス　1クラス約40名

2013年（平成25年）3月卒業生
慶應義塾大進学状況

学部名	進学者数	学部名	進学者数
文学部	13	理工学部	87
経済学部A	153	総合政策学部	11
経済学部B	77	環境情報学部	19
法学部法律学科	114	看護医療学部	1
法学部政治学科	114	薬学部薬学科	5
商学部	86	薬学部薬科学科	1
医学部	22	その他	8
		計	711

明法高等学校

めいほう

School Data

所在地
東京都東村山市富士見町2-4-12
生徒数
男子のみ384名
TEL
042-393-5611
アクセス
西武国分寺線・拝島線「小川駅」徒歩15分、西武新宿線「久米川駅」・西武拝島線「東大和市駅」・JR武蔵野線「新小平駅」バス
URL
http://www.meiho.ed.jp/

未来を切り拓く「質の高い人材」の育成

学習に打ち込める充実のサポート体制

創立から50年を迎える明法高等学校（以下、明法）は「人間的つながりを土台にした創造性豊かな人間の育成」、「国際社会の第一線で活躍できる人間の育成」、「豊かな心を育む教育の実践」、「国公立・難関私立大学の合格を目指す」という目標に基づき教育を行っています。

1年次に「特別進学コース」と「総合進学コース」、2年次に文系・理系それぞれに「難関大学突破コース」と「私大合格コース」に分かれて学力の向上を図り、志望大学の合格をめざします。

「学習道場」と名づけられたスペースには、集中できるブース形式の自習室、常駐している講師や卒業生であるチューターに質問しながら学ぶことのできるオープン形式の自習室が設けられています。

また、受験対策から社会への関心を高めることのできる教養講座まで、充実した内容の講座が年間100以上も実施されています。

さらに、難関大学を志望する生徒を対象として、その大学に合わせた内容・教材で行う個別指導も実施しています。

進路指導もきめ細やかです。進路ガイダンスや大学の模擬講義、さまざまな課題の提出などを行い、2年次の11月には「大学現役合格に向けた400日プラン」をスタートさせ、計画的に学習を進められるように生徒を導いていきます。

独自の教育で身につける未来を生き抜く力

明法は「世界に挑む日本人」を育成するために「Global Studies Program（GSP）」を行っています。GSPに参加できるのは、中学で英語検定準2級を取得している生徒、または入学時の英語面接に合格した生徒の約10名です。

GSPは、オーストラリアで行う2週間の「語学研修」や3カ月の「ターム留学」と、ゼミ形式の英語授業や時事問題に対するディスカッションが展開される文系2・3年次の選択科目「21世紀」を通じて、「発信できる英語力」と「21世紀型の教養とスキル」の習得をめざします。

「語学研修」や「21世紀」の授業にはGSPの生徒以外も参加が可能です。

ほかにも、さまざまな楽器を演奏できたり、顕微鏡を1人1台使用して実験に取り組むなどの「本物に触れる教育」を大切に考え、そのための施設である音楽棟や理科専門棟なども完備しています。

明法高等学校は、これからも手厚いサポート体制と独自の教育により、自らの力で未来を切り拓いていける「質の高い人材」を輩出していきます。

School Navi 180　女子校　東京都　八王子市

共立女子第二高等学校（きょうりつじょしだいに）

School Data

所在地
東京都八王子市元八王子町1-710

生徒数
女子のみ525名

TEL
042-661-9952

アクセス
JR中央線・横浜線・八高線「八王子駅」、JR中央線・京王線「高尾駅」スクールバス

URL
http://www.kyoritsu-wu.ac.jp/nichukou/

自立した女性を育成するために

生まれ変わった環境と魅力あるプログラム

共立女子第二高等学校は、共立女子学園を母体とする学校です。共立女子学園の「誠実・勤勉・友愛」という校訓、「女性の自立」という建学の精神を礎としながら、共立女子第二独自の教育理念として、「のびのびとした教育」と「バランスのとれた人材育成」を掲げています。

そんな共立女子第二では、近年、学校改革を進めてきました。

まずは学習カリキュラムを改定しました。基礎学力をしっかりと定着させるため、学習確認テストと朝学習を導入したほか、高1のクラス編成をAPクラスとSクラスに分けることで、各自の実力に応じた丁寧な指導が実践されることになりました。そして、高2では、進路別に「文系」、「文理系」、「特進私立文系」、「特進国立文系」、「特進理系」の5つのコースに、高3では「特進理系」をさらに「特進私立理系」と「特進国立理系」に分けることで、生徒の多様な希望に対応できるシステムを整えました。

併設されていた共立女子大の移転に伴ってキャンパス内も一新、大学で使用していた施設が改築され、明るく開放感のある新校舎に生まれ変わりました。新しくなったキャンパスには、広い中庭も整備され、華やかなバラをはじめとした季節の花々が咲き誇ります。

さらに、制服も新しくなりました。女性ブランド「ELLE」とのコラボレーションで生まれた制服は、清潔感あふれるかわいらしいデザインです。

こうした新たな改革だけではなく、改革前から行っている特色ある取り組みも魅力の1つです。3年間で100冊の本を読もうという「3−100計画」や、1年間の授業計画をまとめたシラバスの配布は学習のモチベーションを高めます。そして「食育」の一環として毎日2クラスずつ交代で給食も実施されています。秋の味覚御膳、ロシア料理、初夏のイタリアンなど、生徒の好奇心と食欲を刺激する多彩なメニューが提供されています。

また、自然豊かなキャンパスは積極的に活用されており、理科の授業で校内のよもぎを摘み取り、家庭科の授業でそのよもぎを使って草餅を作るのも恒例です。

進路指導は「針路プログラム」という特徴的な名称で呼ばれています。各学年の目標を「針路」と名づけ、針路に沿ったプログラムを学年ごとに実施することで、生徒の夢を後押ししています。

改革で変貌を遂げつつも、変わらない教育方針で、自立した女性を輩出し続ける共立女子第二高等学校。生まれ変わった環境で、新しい生活が始まっています。

坂本（さかもと） 憲二（けんじ） 校長先生

東京都立

駒（こま）　場（ば）　高等学校

共学校

FOCUS ON 公立高校

勉学と部活動に高い実績をあげる ハイレベルの文武両道の進学校

高い専門性と指導力を持った教員によって魅力的な教育活動が展開され、進学校として躍進を続けている東京都立駒場高等学校。普通科と保健体育科の併設を特徴として、生徒が刺激しあいながら、お互いに成長できる環境を用意しています。文武両道をめざせる学校として、ますます期待が高まっています。

女学校を前身とする 創立１１２年目の伝統校

東京都立駒場高等学校（以下、駒場高）は、１９０２年（明治35年）に創立された東京府立第三高等女学校を始まりとします。当時は現在の六本木である麻布北日ヶ窪に校舎がありましたが、１９４５年（昭和20年）の戦禍により校舎が焼失、翌年現在の目黒区大橋に移転しました。

その後、１９５０年（昭和25年）に現在の東京都立駒場高等学校と校名を変更し、普通科に加え、日本最初の専門課程として保健体育科を設置、さらに芸術科を併設しました。芸術科は、１９７２年（昭和47年）に東京都立芸術高等学校として分離独立しましたが、創立１１２年を迎える現在も普通科と保健体育科の生徒は、お互いに持ち味を出しながら切磋琢磨する日々を送っています。

都心の学校とは思えない約4万2000㎡という広大な敷地は緑に囲まれ、施設・設備が充実しています。

その教育目標は「豊かな個性を伸ばす　健康な身体を養う　広く人間性を培う」と掲げられ、21世紀を拓くリーダーを育てています。

坂本憲二校長先生は「本校では、生徒1人ひとりが『学習』と『部活動・学校行事』の両面に意欲的に取り組んでいるので、日ごろから『切替と集中』を大切にするように生徒たちに伝えています。

また、普通科と保健体育科の生徒がいっしょに部活動を行うことで、お互いにいい刺激を与えあっています。そのことが、本校の最大の特徴であり、ハイレベルな文武両道を生み出すことにつながっています」と話されました。

レベルの高い教科指導が難関大学への合格を導く

駒場高は、2007年（平成19年）に「進学指導特別推進校」となり、2017年度（平成29年度）まで継続指定されています。

新学習指導要領に基づく国公立大学受験などに対応した「進学型教育課程」を実施し、授業の工夫・改善などを通し、生徒の学ぶ意欲を高めるとともに、思考力・表現力を養っていきます。

普通科は、1・2年次で十分な基礎学力を身につけられるように、英語・数学・国語の授業時間数を合計で週32時間確保しています。また理科では、1年次に物理・化学・生物の基礎を履修し、2年次は日本史B・物理・化学・生物のなかから6単位の必修選択科目枠が設けられ、大学入試センター試験の5教科7科目以上の受験に対応しています。また、英語ライティング・数学Ⅱ・数学Bでは習熟度別少人数授業が実施され、3年次で文系と理系の選択類型に分かれます。そして、学校設定科目として国語・数学・英語で演習科目が設けられるとともに、6単位の自由選択枠が設定されています。

授業を基本としたレベルの高い教科指導により、国公立大、早稲田大や慶應義塾大などの難関私立大への合格実績を着実に伸ばしています。

専門科目の学習を通して心身を鍛える「保健体育科」

保健体育科の教育目標は「高校生として必要な普通教科を履修し、広く教養を高めるとともに、充実した

都駒祭（とりこまさい）

毎年9月に2日間行われる文化祭では、1・2年生が展示や映画など、3年生は演劇を行います。ほかにも、駒場フィルハーモニーオーケストラ部のコンサートなど、部活動ごとの催しものもあり、来場者を楽しませてくれます。

体育祭

広々としたグラウンドで、騎馬戦や棒倒しなどの競技が行われます。そのなかでもとくに盛りあがるのが部活対抗リレーです。圧巻の走りを見せる陸上部、途中でバク転などのパフォーマンスを行う体操部など、それぞれの部の特色を見ることができます。

専門教科の学習を通して、心身共に健康で明朗な人物を育成する。また、将来スポーツ、保健体育に関する指導者として、また社会各方面で活躍し得る資質の向上をはかることを目的としている」となっています。

体育実技として、共通実技のほかに、専攻実技を履修します。専攻実技は、サッカー（男子のみ）・バレーボール（女子のみ）・バスケットボール・体操・水泳・陸上競技・柔道・剣道のなかから1つ選び、技術の向上に励みます。そして、校外学習では、1年次に遠泳、2年次にスキー、3年次にキャンプの実習を行います。これらの活動は、技術や知識を習得するだけでなく、クラスに連帯感を生み、生徒同士のきずなを深めることにもつながります。

こうした専門科目はもちろん、大学進学に対応する学力を身につけるために普通科目も充実しています。習熟度別少人数授業は全学年の英語で行われ、2・3年次に多くの選択科目を用意することで、1人ひとりの希望進路の実現を可能にします。

坂本校長先生は「保健体育科の生徒のきずなは強く、礼節を重んじるという伝統も受け継がれています。

メイン行事である実技発表会の集団演技は、女子が学年ごとの創作ダンス、男子が3学年合同の組体操を行います。涙と汗ときずなで作りあげる演技は、見ている者みなを感動させます」と語られました。

保健体育科　実技発表会

選曲から振り付け、衣装作りまでのすべてを生徒たち自身で行う女子の創作ダンス、そして、個人技から全員で行う大技まで、さまざまな演技を見ることができる男子の組体操。保健体育科の魂と技が受け継がれている演技に、観客は魅了されます。

文武両道を支える充実のサポート体制

部活動の加入率が兼部を含め100%を超える駒場高では、昼休みの補習や夏期講習の実施計画を5月に発表するなど、部活動の練習とバランスを取りながら、補習・講習が受講できるように工夫されています。

自主学習がしやすい環境も整えられています。各定期考査前5日間は15時30分～18時30分まで、それ以外の期間は通年で17時～20時まで、自習室に東大生がサポートティーチャーとして配置されています。学習に関する質問だけでなく、受験に対する不安も相談でき、大学生活についての話も聞くことができるので生徒たちに好評です。

また、2年次の後半からは、英語・数学・国語のサテライト講習を受講することもできます。

そのほかに、高大連携も魅力の1つでしょう。「従来から東京農工大と連携をしていました。そして、2013年度（平成25年度）に首都大東京とも連携することが決まりました。今後首都大東京の先生の講義を受講できたり、大学の研究室を訪ねたりできるようになります。」（坂本校長先生）

このように、学力の向上を支援する体制を整えたうえで、進路指導については、3年間を見通した進路指導全体計画に基づいて、1年次から計画的・組織的な進路指導・進路相談体制を整えています。

模擬試験は、1・2年次で年4回、3年次で年5回実施され、結果分析を通して学力の推移が把握されます。進路懇談会や進路ガイダンスも定期的に行われ、生徒の進路に対する意識が啓発されていきます。

万全のサポート体制に支えられながら、生徒たちは学習と部活動・学校行事の両立に励むことで、高い学力と豊かな人間性をしっかりと身につけていきます。そんな駒場高はどのような生徒さんを待っているのでしょうか。

「本校が生徒に期待するのは、難関国立大学進学など、将来への具体的な目的意識を持ちながら真剣に学習活動に取り組んでいく姿勢です。そして、中学校で部活動、生徒会活動、学校行事などの特別活動、ボランティア活動などに積極的に取り組んできた生徒に、入学後も色々な場面で活躍していってほしいと思います。本校に入学したならば、高校の3年間が自己の可能性を広げ人間としての力をつけるうえで、ひときわ光り輝くことを約束します。」（坂本校長先生）

施設・部活動

サッカー場兼野球場

温水プール

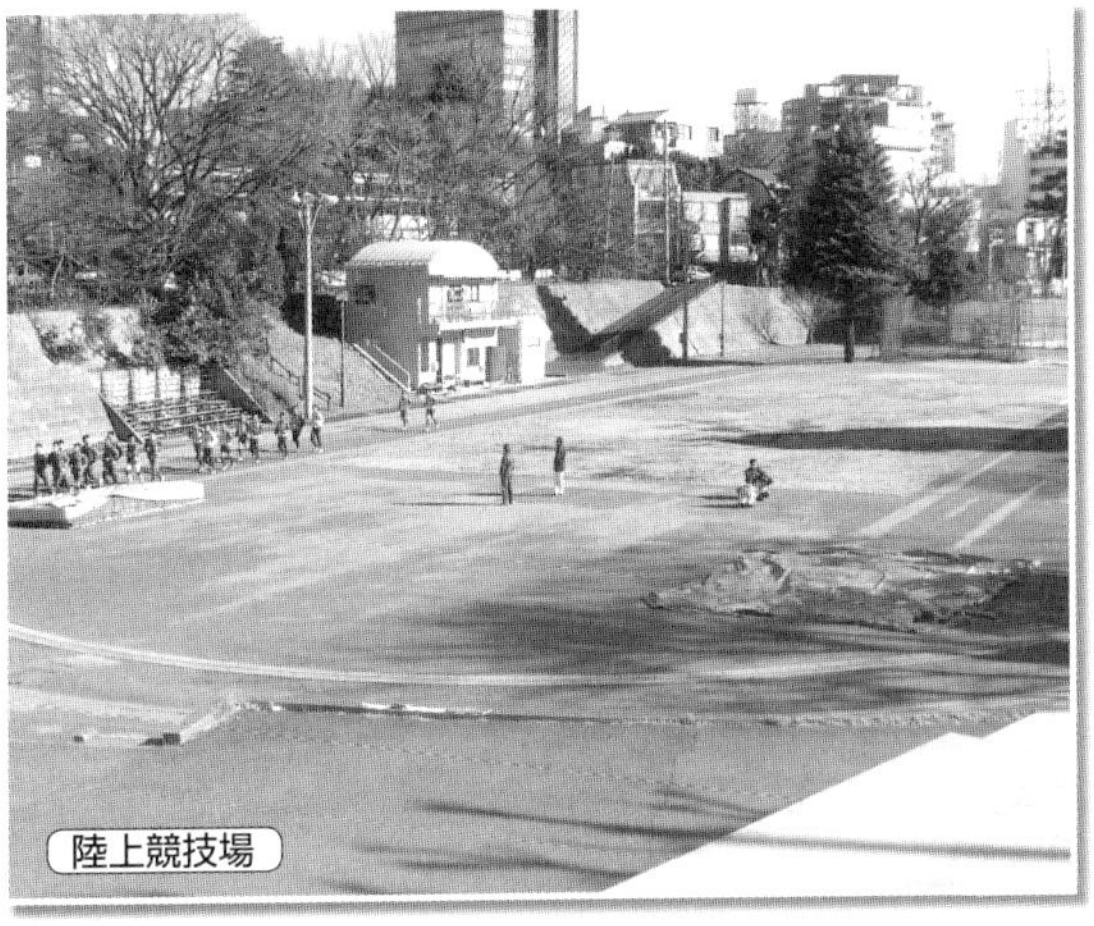
陸上競技場

体育施設が充実している広大なキャンパスには、陸上競技場や体操場が完備されています。室内プールは温水になっており、天井を開閉することができます。部活動は非常に盛んで、サッカー部は全国選手権大会やインターハイに過去複数回の出場経験があり、部員数約180名を誇ります。2013年度も水泳部、陸上競技部が全国大会出場、体操競技部、柔道部、女子バレー部が関東大会出場、ほかにも剣道部、男女バスケット部、野球部、硬式テニス部、ソフトテニス部なども活躍しています。また、駒場フィルハーモニーオーケストラ部や百人一首部が2012年度の全国大会、演劇部が2013年度の関東大会に出場するなど、運動部、文化部ともにハイレベルの文武両道を実践しています。

2013年度（平成25年度）大学合格実績（）内は既卒

大学名	合格者	大学名	合格者
国公立大学		私立大学	
北海道大	2(1)	早大	51(12)
東北大	1(0)	慶應大	19(6)
筑波大	2(0)	上智大	22(4)
埼玉大	2(1)	東京理科大	25(9)
東京工大	2(1)	青山学院大	45(3)
東京学芸大	3(0)	中大	37(13)
東京外大	2(0)	法政大	55(15)
横浜国立大	1(1)	明大	97(19)
千葉大	3(1)	立教大	73(10)
大阪大	1(0)	学習院大	14(2)
京都大	1(1)	津田塾大	4(1)
その他国公立大	31(8)	その他私立大	509(85)
計	51(14)	計	951(179)

School Data

所在地	東京都目黒区大橋2-18-1
アクセス	京王井の頭線「駒場東大前駅」・東急田園都市線「池尻大橋駅」徒歩7分
TEL	03-3466-2481
生徒数	男子521名、女子488名
URL	http://www.komaba-h.metro.tokyo.jp/

✣3学期制　✣週5日制（土曜授業年間20回程度）
✣50分授業　✣月曜～金曜6限、土曜4限
✣1学年8クラス（普通科7クラス、保健体育科1クラス）※現在の1年生のみ普通科8クラス、保健体育科1クラス　✣1クラス40名

和田式教育的指導

早くスタートすればするほど受験は有利
春休みから受験生になろう

中2のみなさんは、春休みが終わったら中3に進級ですね。中3のことを「受験学年」と呼ぶこともあるので、みなさんのなかには、「4月に進級してから受験勉強を始めればいい」と思っている人もいるかもしれません。しかし、受験勉強は新学期が始まる前、春休みからスタートする方がいいのです。

受験勉強は早く始めるほど有利

2年生のみなさんは、4月から始まる新学期から3年生がスタートしますね。中学校最後の1年間が、最上級生として充実した日々となることを願っています。

区切りがいいので、「受験勉強も4月から始めよう」と思っている人もいるかもしれませんが、これはおすすめできません。受験勉強は、新学期が始まる前の、春休みから取り組む方がいいでしょう。

つまり、中2の3学期が終わった時点で、「もう自分は受験生なんだ」という意識に切り換えないといけないわけです。

なぜなら、受験勉強は、勉強をした「時間」ではなく、勉強した「量」が大切です。そうなると、いかに早い時点で勉強ができるようになるかが重要になります。

中2の春休みから受験勉強を始めた場合と、中3から始めた場合を比較して考えてみましょう。中2の春休みから始めた場合は、中3になった時点で、数学の問題を解くスピードや英文を読む速さが速くなっているはずです。

速さが身につけば、勉強できる量も増えます。中3になってから受験まで同じ時間勉強するとしても、中

Hideki Wada

和田秀樹

1960年大阪府生まれ。東京大学医学部卒、東京大学医学部附属病院精神神経科助手、アメリカのカールメニンガー精神医学校国際フェローを経て、現在は川崎幸病院精神科顧問、国際医療福祉大学大学院教授、緑鐵受験指導ゼミナール代表を務める。心理学を児童教育、受験教育に活用し、独自の理論と実践で知られる。著書には『和田式　勉強のやる気をつくる本』(学研教育出版)『中学生の正しい勉強法』(瀬谷出版)『難関校に合格する人の共通点』(共著、東京書籍)など多数。初監督作品の映画「受験のシンデレラ」がモナコ国際映画祭グランプリ受賞。

2の春休みから始めた方が、早くできるぶんだけより多くの量をこなせるようになるのです。

ですから、受験勉強は先に努力をして、速くできるようになった方が有利なのです。中2のうちから「自分はもう受験生なんだ」という意識を持って、春休みから気をひきしめて頑張りましょう。

志望校を早く決めておくことのメリット

受験勉強を進めるにあたって、志望校を早く決めておくことも大事です。「出願をするのはまだまだ先だから、受験直前になって決めればいいや」とか、「自分の偏差値を見てから決めればいいや」と思っている人は多いようですが、私は早く決めてほしいと思っています。

志望校が決まることによって、「第1志望校に入りたい」という自分の目的がはっきりしますし、具体性も出てきますから、動機づけだって強くなります。なにも決まっていない状態よりは、受験勉強にもやる気が出てはかどるということもあるでしょう。

また、自分の志望校が決まったら、早めにその学校の入試問題の過去問にチャレンジしてみましょう。いまの段階では、合格点に達するのは難しいかもしれません。しかし、実際の入試問題の難度を体験することで、合格点を得るにはこれからどんな勉強が必要なのかを考えることができます。具体的な目標を早めにつくっておくことが、その後のモチベーションにつながるのです。

この時期には英語と数学を重点的に

いまの時期に、きちんと勉強しておいてほしい科目が英語と数学です。

なぜなら、英語や数学は、高校受験だけではなく、いずれ迎える大学受験でも必要になってくる科目だからです。つまり、大学受験へ向けての基礎作りという意味でも、中学のうちからしっかりと勉強しておいた方がいいのです。

とはいっても、苦手な人にとっては英語も数学も大変でしょう。だからこそ、この2教科には、時間に余裕のあるいまの時期に食らいつくぐらいの覚悟で取り組むのがいいのです。普段なら避けてしまいがちな苦手科目の勉強に、自ら進んで取りかかることができるのも、志望校への受験という大きな動機づけがあるからです。

春から最高学年となる2年生にとって、いまの時期から夏休みまでの期間が非常に大切です。この期間にどれだけ勉強できるかが、大学受験をも左右するといって過言ではないでしょう。

中2の春休みから、高校受験、そして大学受験までの勉強が始まっているのだという意識を持って取り組んでいきましょう。

【八拾八の巻】今年出た難しい問題

教育評論家　正尾 佐の

高校受験指南書

国語

「高校入試問題ってさ、こんな感じだよ」と、前号で筑波大附属駒場の英語の問題を紹介した。

そして、「次号では今年出た基礎的な問題を取り上げる」と書いたが、それは来月号から3カ月連続ですることになった。で、今月はやはり「ムズい」という人の多い古文を扱おう。

いま、手元に2月13日に行われたばかりの千葉県公立高校前期試験の国語の問題があるので、それを見てみよう。

次の文章を読み、あとの(1)～(4)の問いに答えなさい。

〔平安中期に上東門院（藤原彰子のこと。一条天皇の后。）の身のまわりで起こった出来事についての文章である。〕

まことや、この御時、一つの不思議ありける。上東門院の御方の御帳（注1）の内に、犬の子を生みたりける、思ひかけぬありがたきこと（A めったにないこと）なりければ、おほきに驚かせ給ひて（驚きなさって）、江匡衡（注2）といふ博士に問はれければ（おたずねになったところ）、「これ、めでたき御吉事なり。犬の字は、大の字のそばに点をつけり。その点を上につけば、天なり。下につければ、太なり。その下に、子の字を書きつづくれば、天子（天皇）とも、太子（皇太子）とも読まるべし。かかれば、太子生れさせ給ひて、（この）天子にいたらせ給ふべし（ようであるから）」とぞ申しける。

そののち、はたして皇子御誕生ありて、ほどなく位につき給ふ。後一条天皇、これなり。匡衡、風月の才に富めるのみならず、かかる心ばせ（D）も深かりけり。

（『十訓抄』による。）

（注1）御帳の内＝位の高い人の生活の場として、垂れ幕をかけて区切った場所。
（注2）江匡衡＝大江匡衡のこと。「がうきやうかう」は中国風に読んだもの。

古文の勉強は、まず一文ずつしっかりと読むことから始まる。これも、問題文の初めから、少しずつ読み解いていこう。

まことや、この御時、一つの不思議ありける。

「ほんとうにねぇ、この（一条天皇の）お時代（に）一つのとっぴなこと（が）あった。」

興味をひく書き出しだね。「不思議」って、どんな事件なんだろうか？

さあ、次の文から、話が始まる。

上東門院の御方の御帳（注1）の内に、犬の子を生みたりける、

「上東門院のお住まいのお部屋のなかで、犬が子犬を産んでしまったのだ（が、それは）、」

「犬の子を生み」を、うっかり『（犬が）犬の子を産み』と解釈してしまいがちだ。「の」には『の』だけでなく『が』という意味もある。

「犬の」は『犬が』だ。古文では、人物や動物が初めて登場するとき、その名前がはっきり記される（例外もあるが、それは高校で詳しく習うだろう）。

「犬」はここで初めて登場する。だから、筆者は「犬の（＝犬が）」ときちんと書いているのだ。

ついでに言うと、もしも「犬の子」をひとくくりにして『子どもの犬・子犬』と誤解してしまうと、主語はすでに登場している上東門院になってしまう。

そうすると、『上東門院が犬の子を産み』ということになってしまうね。上東門院は一条天皇の皇后だ。そんな高貴な人が犬の子を産むというような、異常な話を高校入試で出題するだろうか。

いくら「不思議」な話だと言っても、そんなばかばかしい出題はないよね。

ありがたきこと(めったにないこと)なりければ、Aおほきに驚かせ給ひて(驚きなさって)、江匡衡(注2)といふ博士に問はれければ(おたずねになったところ)、

「めったにないことであったから、(上東門院は)大いに驚きなさって、大江匡衡という学者にお尋ねになると、」

上東門院こと藤原彰子さんは、問題文の初めに記されているように、一条天皇の奥さんだが、じつは一条天皇にはもう1人、定子さんという奥さんがいた。定子さんは男の子(皇子)を産んでいて、一条天皇にも深く愛されていた。

それで焦っていたのは、彰子さんの父親であり、のちに太政大臣となった藤原道長氏だ。それには次のような理由があった。

もし彰子さんが皇子を産んで、その子(道長氏の孫)が皇太子になり、さらに将来、天皇の座につけば、道長氏は自分の孫であるその天皇を操って政治を思うままに動かせる。だが、もし産まれなければ、逆に力を失ってしまう、というわけだ。そういう事情が、この話の背景にあったのだ。

さて、天皇の奥さんという高貴な人の部屋に、どうやって犬が入りこみ、子どもを産んだのか。わけのわからない事件が起きた。いったいなにかの兆しなのか、あるいはなにかの祟りかもしれない。

平安時代の貴族たちは、前例を大切にした。珍しい事件が起きたら、以前に同じような出来事はなかったのかどうか、もしあったならば、そのときはどのように対処したのか、できるだけ以前と同じように処理することにしていた。そうするのが、最も利益が大きく被害を小さくできるからだ。

そういう昔の事柄の知識を持つ人たちの代表が「博士」だった。だから、なにかあれば、そういう博士に尋ねたんだ。

彰子さんには優秀な女房(＝女性の召使い)がいた。有名な紫式部や和泉式部たちだ。

その1人に赤染衛門(あかぞめえもん)という人がいたが、この女性の非常に仲のよい夫が、文章博士も務めたことのある大江匡衡氏だった。

この人は道長氏にも大いに信用されていた。おそらく、そういうわけで彰子さんは大江匡衡氏にこのわけのわからない事件について相談したのだろう。

さて、ここに問いがある。(1)だ。

(1) 文章中のAおほきにを現代仮名づかいに改め、**すべてひらがな**で書きなさい。

「現代仮名遣(づか)い」は知っているね？

言葉をどういう仮名で書き表すかを「仮名遣い」と言い、いま用いられている仮名遣いを、現代仮名遣いというんだ。

例えば、「わたくしわあそこえゆきます」と言ったのを文字にすると、「わたくしはあそこへゆきます(私はあそこへ行きます)」と書くね。それは現代仮名遣いという規則に従っているからだ(なぜ、そういう規則になっているのかは、説明がややこしいので省く)。

入試の古文で仮名遣いが問われるのは「は・ひ・ふ・へ・ほ・ゐ・ゑ」の7文字だ。これにはそれぞれ「わ・い・う・え・お・い・え」と答えればよい。

(1)の「おほきに」は「おおきに」となる。

解答 (1) おおきに

問題文を読み進めよう。

「Bこれ、Cめでたき御吉事なり。犬の字は、大の字のそばに点をつけり。その点を上につければ、天なり。下につければ、太なり。その下に、子の字を書きつづくれば、天子(天皇)とも太子(皇太子)とも読まるべし。かかれば(このようであるから)、太子生れさせ給ひて、天子にいたらせ給ふべし」とぞ申しける。

「『これ(は)、すばらしいご縁起のいいことだ。犬という文字は、大という文字の脇に点をつけている。その点を(大の)上に付けると、天(という文字)だ。下に付けると、太(という文字)だ。その下に、子という文字を書き加えると、天子とも太子とも読めるだろう。

だから、皇太子(が)お生まれになって、天皇(の位)におつきになるだろう』と申しあげた。」

すると、匡房氏が答えた。それを現代っぽく言うと、こんなふうになる。

「やばい、ラッキーな事件ですよ。犬の出産ですよね。ほら、〈犬〉っていう字を考えてみてください。

もとは〈大〉という字でしょ。この〈大〉の右肩に点を打つと、〈犬〉になります。〈大〉の上に一を書くと〈天〉になります。〈大〉の下に点を打つと、〈太〉になります。

そして、子どもを産んだ。〈子〉ですよね。〈天〉に〈子〉だと天子(＝天皇)ですよ。〈太〉に〈子〉だと太子(＝皇太子)ですよ。

つまりは、彰子さまのお部屋で、子犬が産まれたということは、彰子さまが皇子を産んで、その皇子が皇太子になり、さらに天皇になるということですよ。」

とまあ、こんなふうに大江匡衡氏が解説したんだ。

皇后の部屋で犬が子どもを産んだ、という出来事がなにを示しているか、匡衡氏はなかなかおもしろい理屈をつけているね。

「犬」から「天」と「太」を思いつき、それと「子」をうまく組み合わせて、「天子」「太子」という語句を思いつくなんて、なかなかのものだ。

さて、傍線部がある。(2)と(3)だね。まず、(2)から解こう。

(2) 文章中の これ[B] が指し示す部分を文章中から**二十字以上、二十五字以内で抜き出して、はじめと終わりの五字**をそれぞれ書きなさい。

「これ」は、皇后の部屋で犬が子どもを産んだことを指している。それは問題文の「上東門院の御方の御帳の内に、犬の子を生みたりける」だ。

この部分の文字を数えると、二十四字だね。間違いない。ここが正解のところだ。

解答
(2) はじめ…上東門院の
終わり…みたりける

(2)は易しかったが、(3)はどうだろうか。

(3) 文章中に めでたき御吉事なり[C] とあるが、なぜそう言えるのか。それを説明した次の文の①、②に入る言葉を書きなさい。ただし、①は**五字以内**、②は**十字以内**で書くこと。

「犬」の字は、①を変え、下に「子」を加えると、②を予感させる言葉に変わるから。

(3)は、「これ」＝『上東門院の部屋で犬が子どもを産んだ』ことが、なぜ「めでたき御吉事」と言えるのか、その理由を説明する問題だ。

では、まず「めでたき御吉事」という語句の意味をう～んと易しく説明しよう（語句の意味のわかる人は、あっさり読みとばしてくれ）。

※めでたき（「めでたし」の連体形）

「めでたし」というのは、賞賛の気持ちを表す言葉だ。現代語で言えば『すばらしい』とか『見事だ』とか『立派だ』という意味だ。

『めでたい』という意味でも用いられるが、入試で問われる場合は、普通『すばらしい』『見事だ』といった意味だ（めでたし→めでたい、というふうに、そのまま同じ音で言える場合、わざわざ問うことはないからだ）。

※御吉事の「御」

古文での読みは〈お〉〈おん〉〈おおん〉〈み〉〈ぎょ〉など、いろいろある。

これは尊敬の気持ちを表す語で、名詞の上につけても用いる（こういう、ほかの言葉の頭に接して使う言葉を「接頭語」という）。

例えば、加藤さんという身分の高い人がいるとする。加藤さんの心を言い表すときに、ただ「加藤さんの心」と言うだけなら、普通の人と同じ扱いになる。

しかし、加藤さんの高貴な身分を言い表そうとするなら、「加藤さんの御心」というふうに、「御」をつけて言う。子どもが親に「父さん」「母さん」でなく、「お父さん」「お母さん」と呼ぶと、呼ばれた方も気分がいい。子どもから敬われている感じがするからだね。

ただし、誤解しないでくれ。ここで「御」が使われているのは、子どもを産んだ犬を尊敬しているからではない。そうではなくて、産んだ場所が皇后という最高の身分の人の部屋だったからだ。この文章の筆者が、皇后を敬う気持ちで、「吉事」の上に「御」を付けたのだ。

※御吉事の「吉事」

〈よごと〉と読むが、音読みにして〈きちじ〉でもよい。平安時代の前の奈良時代にすでに使われていた古い言葉だ。

「吉」は『よい』『めでたい』『縁起がいい』という意味で（ついでに言うと反対は「凶」）、「吉事」は『よいこと』『めでたいこと』『縁起のいいこと』を言う。

(2)でわかったように、この「御吉事」とは、「上東門院の御方の御帳の内に、犬の子を生みたりける」ことだね。

じゃあ、どうして犬の出産がおめでたい事件といって喜べるのか、というのが(3)の問いの意図だ。

それは、さっき説明したように、彰子さんに皇子が産まれて、その子が皇太子になり、天皇になるという予言だからだ。

それは、〈犬〉という文字をヒントにして、それと似た〈大〉〈天〉〈太〉そして〈子〉も合わせて成立するという、匡衡氏の巧みな解説で、もっともらしい予言になった。

だから答えはこんなふうになる。

解答
(3) ①点のつけ方
②のちの天皇の誕生

これは千葉県教育委員会が公表した正解だ。

これ以外にも正解は考えられる。

別解
(3) ①点の場所　点の位置　②天皇になる　皇子の誕生

また、次のような答えなら、満点にならなくとも、部分点は獲得できるだろう。

別解
(3) ①天や太　②男の子が生まれる

さあ、先に進もう。

そののち、はたして皇子御誕生ありて、ほどなく位につき給ふ。後一条天皇（ごいちでうてんわう）、これなり。匡衡、風月（ふげつ）の才に富めるのみならず、かかる心ばせ（D）ども深かりけり。

「その後、やはり皇子（の）ご誕生（が）あって、間もなく（その皇子が）皇位におつきになる。後一条天皇（が）、これ（＝この皇子）である。匡衡（は）、風流の才能が豊かであるだけでなく、こういう心くばりもよくできたのだった。」

これで問題文は終わりだが、最後の問いがある。

(4) 文章中に　かかる心ばせ（D）ども深かりけり　とあるが、どのようなことに対しこう言っているのか。最も適当なものを、次のア〜エのうちから一つ選び、その符号を書きなさい。

ア　匡衡が、自然現象に関する広い知識により、奇妙な出来事の背景をあざやかに解き明かしたこと。

イ　匡衡が、漢文の幅広い知識により、不可解な出来事を中国の故事を引用して整然と説明したこと。

ウ　匡衡が、とても優れた予知能力により、意外な出来事から上東門院の将来の姿を言い当てたこと。

エ　匡衡が、豊富な知識と優れた機転により、予想外の出来事をたいへん縁起が良いと解釈したこと。

この問いはかなり難しい。できなかった人の方が多かっただろう。

※心ばせ

『気くばり・気づかい・心くばり・配慮』という意味の名詞だ。おそらく「自分の心を相手の心にむかって馳せる（速く動かす）」という意味から生じたのだろう。

当時は、知識と言えば、なによりもアジアの最先進国だった中国文化についての知識が第一だった。

大江匡衡という人は、そういう中国の知識、漢詩漢文の学識が深くて、自分でも優れた漢詩漢文を創作できた人物だった（高校に進んだら、日本史で大江家は菅原家と並ぶ学問の一族であったことを学ぶだろう）。

この問題文では、匡衡氏のそういう学識だけでなく、犬の出産という突飛な事件について、相手（＝上東門院）を喜ばすうまい解釈を思いつく、そういう能力を「心ばせ」と言って、匡衡氏を賞賛している。

このように問題文を理解できるならば、エが正解だろうと見抜ける。

アは「自然現象」うんぬんが×。
イは「中国の故事」うんぬんが×。
ウは「予知能力」うんぬんが×。

解答
(4) エ

今回は公立校の問題を取りあげたけど、私立校で出題される古文も、それほど易しくない。国語が苦手だという人の多くは古文が不得意だ。志望校・受験校の過去問をきちんと調べて、古文が出されているかどうか、どれくらいの難易度の問題なのかをできるだけ早く知って、勉強に取り組もう。

編集部より
正尾佐先生へのご要望、ご質問は
FAX：03-5939-6014
Eメール：success15@g-ap.com

WASE-ACA TEACHERS

宇津城センセの受験よもやま話

ある母の手記②

宇津城 靖人先生

早稲田アカデミー　神奈川第二ブロック　ブロック長
兼 センター北校校長

私の朝は卵を割るところから始まる。卵を小さな金ボールに2つ。菜箸でといて砂糖を加える。ウチの玉子焼きは少し甘いのが特徴だ。

四角いフライパンを火にかけ、バターをひとかけポトリと落とす。

ジュワーっとバターがとろけ始めたら、卵をフライパンに流し込む。

ジュッと音を立てて卵が固まり始める。バターと卵の焼ける香ばしいにおいが立ち込める。

このにおいが合図だ。2階で眠っていた沙希が起き出してくる。

「沙希ちゃん、おはよう。」

と背中越しに私が声をかける。

「おはよ。」

と沙希は軽く応えてせわしなくトイレに向かってしまう。

ダイニングテーブルに朝食を並べ終わるころ、沙希はトイレから戻ってきて自分の席につき、「いただきます」と両手を合わせてから朝食をとりはじめる。私も向かいの席に座る。母子2人でとる大切な朝食の時間だ。

「あ、忘れてた。」

そう言って沙希はキッチンに向かうと、ご飯を2膳茶碗に盛り、リビングへと向かった。奥にあるチェストの上にご飯を供えるためだ。

「仏壇は嫌いだから置かないように」とかたくなに言い張る夫の言いつけを守り、私たちは夫の写真をチェストの上に飾っている。

反抗期だったついこの間までは、夫にご飯を供えるという役目を彼女は放棄していた。まるで関心がないかのように、まるで自分には父親がいないということから目を背けたいかのように、沙希は完全にその役目から遠のいていた。しかし、夫の写真の隣にもう1人――私の父の、つまりは沙希の祖父の写真を置くようになってからというもの、彼女は欠かさずにご飯を供えてくれるようになったのだ。

彼女がホスピスでボランティアをしたことが、私と父――彼女の祖父とのつながりを再びもたらしてくれた。沙希から話を聞いたときは、最初はまったく信じられなかった。そして、事態がようやくつかめてきても、それでも私は父に会いに行くことがなかなかできなかった。私のなかには、父は母の死に目にも会わない、自分の仕事を最優先にして、家族をないがしろにした、そんな父への怒りがいまだに続いていたからだ。私は母は不幸な女だったと、そして母を不幸にした父を許すことなど到底できやしないと考えていた。

沙希は学校から指定されたボランティアの期日を過ぎても、毎日のようにホスピスに通っていた。そして、献身的に父の看病をしてくれていた。その日、父とどのような会話をしてきたのか、父の病状がどうであるとか、そんなことを日々私に報告してくれるのだった。

　そして次第に、私に父と会えと、時間がないのだと強く主張してくるようになった。そんな話をしてくる沙希を、私は拒絶し続けていた。もはや父のことなど見たくもなければ聞きたくもないという嫌悪感が先に立って、私は目と耳を閉ざしていた。そして私は沙希から教わることになったのである。

「お母さんは、おじいちゃんのことをおばあちゃんの死に際をないがしろにしたって言うけど、お母さんだっておじいちゃんの死に際をないがしろにしてるじゃない！」

「おじいちゃんは、おばあちゃんに頼まれた紫陽花を探してたんだよ！　必死に探して遅くなっただけなんだよ！　それをお母さんはどうしてわかってあげられないの!?」

「大事だと思っていなかったら、朝まで紫陽花を探し回るなんてことはできないよ！」

　そんなふうに泣きじゃくる沙希に背中を押される形で、私は、父のいるホスピスを訪れた。

　死と向きあっている人間の姿を人は想像ができるけれども、実際にその人を目の当たりにすると、大きな衝撃を受けるものだと、私は父を見て改めて思った。若かりしころ、最後に見た父とは大違いだった。

　髪は白くなり、その大部分は抜け落ちていて、身体はやせ細って小さくなった父は、もはや同情を禁じえない、か弱い存在でしかなかった。数十年ぶりの父との邂逅には、怒りや感激といった激しい感情などではなく、死を全身に負っている人間に対する痛ましさと同情の念を強く抱いた。

　そして、せつなさがどんどんと胸にこみあげてきて、私は泣いた。父はもはや活力に乏しい存在でありながらも、その目から涙を流して、ひたすら「すまん。すまん」と私に謝り続けた。長年抱いていたはずの私の父に対しての怒りは、そんな姿を見ていると消え去っていった。私も泣きながら「ごめんなさい」と父に謝り続けた。

　父の意識がもはや途切れ途切れになってからは、私と沙希は2人でそろって病院へ詰めるようになっていた。父の意識があるときに、私と沙希の2人がそばにいることを、どうしても父に伝えたかったからだ。父が母のために青い紫陽花を探したように、私たちも父のそばにいるという形で、父への気持ちを伝えたかった。

　学校を休まないといけなかったけれども、沙希も父といっしょにいることに賛同してくれた。父が眠っているときには、私と沙希はたくさんの話をした。学校のこと、友だちのこと、最近悩んでいること、色々なことを沙希は私に教えてくれた。私も仕事のこと、つらかったことなどを、沙希に話せるようになっていった。お互いにきちんと向きあって話をしたのは、いったいいつ以来のことだっただろうか。

　父は最期に息を引き取るとき、沙希を見ながら、微笑んで逝った。私も沙希も、なにも言葉を交わすことができなかったが、2人で涙をながしながら抱きあっていた。

　父が亡くなり、葬儀を執り行うなかで、私は父の存在の大きさを知ることとなった。数多くの方が父の通夜や告別式に足を運んでくださった。参列者の方々は口々に、生前は大変お世話になったと、亡くなって大変残念であると、涙ながらに謝辞やお悔やみを述べてくださるのだった。その数が数百人にまでのぼって、葬儀の会場に入りきらなくなり、セレモニーホールから行列ができてしまうほどであった。

　父が、家族を犠牲にしてきた非情な人間であると短絡的に考えていた過去の私の視野がいかに狭かったのかということを、改めて反省する機会となった。

　父はこれほどたくさんの人々を助け、守り、過ごしてきたのだ。そう思ったら、父に対して尊敬の念を抱かずにはいられなかった。父は毎日これらの人々のために戦ってきたのだ。そのことをわかってあげられなかった自分の不明を、私は恥じた。

　ほどなくして沙希は、看護の勉強を始めた。生命を守る仕事をしたいという夢ができたようだった。ホスピスでの祖父との会話、介護を通じて自分の本当にやりたいことが見つかったと嬉しそうに話してくれた。彼女が初めて触れた父性というものが、彼女を成長させてくれたのだと思う。自分が愛されるべき存在であると認識することが、自信へとつながったのだろう。

　私が1人で立派に育ててきたと自負をしていたが、私は沙希のことをきちんとわかってあげられていなかったと、沙希に必要なものがなんなのかを本当にはわかっていなかったのだと、いまだから言える。向きあってこなかったのは私のほうだったのだと、父から、沙希から教えてもらえたから。

「行ってきます！」

　食事を終えて身支度を済ますと、沙希は元気な声でそう言って玄関から出ていこうとする。肩にかけた学校のカバンの取っ手には、あの蛍の色のキーホルダーと、サーフボードのキーホルダーがぶら下がっている。そして、もう1つ「青い紫陽花」の花飾りが、カバンにつけられている。

　青い紫陽花は私たち家族にとって特別なものとなった。

「行ってらっしゃい!!」

　私は沙希を元気に送り出す。

　あの子は、本当にもう大丈夫だ。

WASE-ACA TEACHERS

国語

東大入試突破への現国の習慣

中学生になると「長期的計算」に基づいた行動が求められます!

田中(たなか) 利周(としかね)先生
早稲田アカデミー教務企画顧問

東京大学文学部卒。東京大学大学院人文科学研究科修士課程修了。文教委員会委員。現国や日本史などの受験参考書の著作も多数。早稲田アカデミー「東大100名合格プロジェクト」メンバー。

慇・懃・無・礼?! 今月のオトナの四字熟語「趣旨説明」

新学年のスタートです。中学校に進学された新一年生の皆さん、はじめまして! また、中学校生活にも慣れてきた新二年生の皆さん、そしていよいよ受験学年をむかえた新三年生の皆さん、今年度も一緒に頑張っていきましょう! 平成二十年にスタートしたこの連載も六度目の春をむかえました。その間にページ誌面のレイアウトも変遷を遂げてきました。筆者の写真が随分と大きくなったものです。最初はイラストの方が本人の写真よりも大きかったんですよ! でも、「いちばん」を目指す教育を掲げるワタクシとしましては、むしろ本人の写真よりもイラストのほうが大きくてもいいんじゃないかな? なんて思っていたりしますが。

はじめてお目にかかる皆さんも多いと思われますので、この連載の趣旨を簡単に述べておきたいと思います。タイトルにもあります通り、東大合格につながるような読解力の養成を目標としています! 「早稲田アカデミー東大百名合格プロジェクト」のメンバーですからね、私は。中学生の皆さんには随分と遠い未来に向けての計画のように思われるかもしれませんが、読解力の向上は「一日にして成らず」です。日々の習慣を見直して、一歩一歩、精神的成熟という「オトナの階段」をのぼることが何よりも大切になってきます。そのための手助けとして、一緒に「オトナの教養」を身につけていこう! というのがこのコーナーの趣旨になるのです。毎回、オトナの事情を反映した「言い回し」や「四字熟語」を取り上げて解説を加えていきますからね。

議論の前提となるべき「共通の理解」が求められる国語の読解では、「他人と違わない」ことにこそ照準を合わせ、いわば妥協点を探ろうとする態度こそが必須とされます。多感な中学生であればあるほど、なんとなく面白くない態度に思えてしまいますよね。ここで「オトナ」と表記することで表現しようとしているのは、こうした面白くもない態度を甘んじて受け入れられるようになった人物、と理解しておいてくださいね。国語の読解の際に求められる態度とは、まさに「このあたりでいかがでしょうか?」とおおよその線で折り合いをつけようとするスタンスに立つことに他ならないのです。それは端的に言えば「自分を捨てること」でもあります。なかなか割り切れるものではないでしょう? でも、このことを意識するだけで、国語の得点力は確実に上がるのです。

さて、毎回取り上げる「言い回し」や「四字熟語」は違ってくるのですが、このコーナーのタイトルそのものはいつも同じです。それは「グレーゾーンに照準」と「慇・懃・無・礼」になります。解説を加えてみましょう。先ずは「グレーゾーン」について。英語では〝gray zone〟と書きます。文字通り「灰色の領域」すなわち「ものごとの中間の領域」を意味する言葉になります。二つの明確な立場をそれぞれ白と黒に見立てて、その間の段階的なグラデーション（色彩の連続的な変化）の部分を示しているのですね。「グレーゾーンに照準を合わせる」というのは、白か？　黒か？　の単純化をやめて、あらゆる可能性を考慮するということです。「○か？　×か？」と、答えだけを要求される場面においても考え抜くことです。考えることを習慣にすること。それがこの連載の掲げる目標でもあります。次に「慇懃無礼」について。「いんぎんぶれい」と読みます。これは「慇懃」と「無礼」を組み合わせた四字熟語です。「慇懃」とは「人に接する物腰が丁寧で礼儀正しいこと」。「無礼」はもちろんその逆ですね。「礼儀を欠くこと」を意味します。この「正反対」の熟語を組み合わせることで表現されるのが、「うわべはあくまでも丁寧で、実は尊大である」という態度になるのです。物事の一面だけを捉えていては、その本質を見誤ることになってしまいます。様々な角度から事象を眺めなくてはならないということ。こちらもこの連載が掲げる目標になるのです。

以上がオリエンテーション、今月の四字熟語である「趣旨説明」＝この連載の「ねらい」についての説明、でした！

グレーゾーンに照準！ 今月のオトナの言い回し 「俗情に流される」

中学生の皆さんが日常で使うことは皆無ではないでしょうか？「俗情」とは「俗」な心情、心のことです。そして「俗」というのは、「ありふれた、世間普通の」という意味から、さらに軽蔑の意味を込めると「いやしい」という意味にもなります。ですから「俗情」というのは「世間一般の人たちが思ってしまいがちな、いやしい気持ち」ということになります。「流される」というのは「ついついそんな気持ちになってしまう」ということですね。新しく中学校生活を始める皆さん方に「俗情に流されるな！」という言葉を贈りたいと思います。

「え～、なんだか怖いな～」と、そんな気持ちになるかもしれませんが、小学生の頃とは違うんだということを意識してほしいからです。何が違うのか？　小学生の頃の勉強の仕方とは大きく違う点が中学校生活にはあるのですよ！　それは、いわゆる「中間テスト」「期末テスト」という「定期テスト」が、年間の学習スケジュールに組み込まれていることです。あらかじめテストの日時は決まっているのですから、それに向けての学習計画をしっかりと立てなくてはならない、ということになるのです。テスト準備のため、毎日気を抜くことのできない勉強が続くのですよ！

昨日も今日も友達と遅くまで遊んで、明日も遊ぶ約束をして、小学生の頃は「今、これがしたい！」という気持ちを、存分にかなえることができました。ところが、中学生となった皆さんには、もうそんな「どうしても今これがしたいんだぁ！」というような駄々っ子的な俗情に流されることは許されないのです！　なんて、ちょっとおどかし過ぎましたか？　それでも本当に「中間テスト」「期末テスト」と容赦なく、全ての科目でテストが行われます。準備を怠れば悲惨なテスト結果が待ち受けており、そしてそれが「成績」として白日の下にさらされる…。小学生の頃とは決定的に何かが違うのです。

それはこんな風に考えてください。皆さんに中学校の三年間で身につけてほしいとオトナが考えていることがあるからだ、と。そしてそれは「長期的計算」ができるようになってほしい、ということなのです。長期といってもせいぜい一ヶ月ですが、それで十分です。「定期テスト」があるのは、そのためなのです。

ものごとには全て行きがかりがあり、かつまた因果は巡るということ。今日だけで時間が終わるわけではなくて、明日以降の未来もあるのです。小学生の頃は「ずっと今日が続く」という時間感覚であったものが、中学生では「期末まであと三週間！」といった区切りを意識した感覚になります。これが「長期的計算」に基づいた振舞いが求められる、という意味です。せめて一ヶ月は「逆算」して計画を立てられるようにならなくてはいけません。今日「気が済んだ」としても、明日や明後日にどうなるのかが問題なのです。一ヵ月後に結果が出せるように、明日、明後日につながる今日をどのように過ごさなくてはならないのか。「長期的計算」とはそういうことです。今日の振舞いで「気を晴らす」ことよりも優先しなければいけないことがあるのです。

「え～、やっぱり怖いな～」と、そんな声が聞こえてきそうですが、でも大丈夫。誰もがオトナになるまでに通った道です。三年間かけて身につければいいのです。そのための手伝いを、われわれは惜しみませんから！

同時に２枚取り出す。

　このとき，取り出した２枚のカードに書かれた数の最小公倍数が，１けたの数になる確率を求めなさい。

　ただし，どのカードの取り出し方も同様に確からしいものとする。　　　　　　（千葉県）

2　3　4　6　8　9

＜考え方＞

（1）　サイコロを２回投げる場合、目の出方の総数は６×６＝36通り。条件に当てはまる場合の数は、表を用いて調べていくのが確実でしょう。

（2）　こちらは表を使って、すべての場合を書きあげます。

＜解き方＞

（1）　$\frac{2a+b}{5}$ が整数となる場合は、下の表から７通りあるので、その確率は$\frac{7}{36}$

a	1	2		3	4	5	6
b	3	1	6	4	2	5	3
$\frac{2a+b}{5}$	1	1	2	2	2	3	3

（2）　下の表より、カードの引き方は15通りあり、そのうち２枚のカードに書かれた数の最小公倍数が、１けたの数になるのは７通りあるので、その確率は$\frac{7}{15}$

カードの組合せ	2					3				4			6		8
	3	4	6	8	9	4	6	8	9	6	8	9	8	9	9
最小公倍数	6	4	6	8	18	12	6	24	9	12	8	36	24	18	72

　次は図形の辺上を点が移動する問題ですが、(2)は総数が3^5通りにもなるので、少し工夫が必要です。

問題2

　正四面体ABCDと動点Pがあります。はじめ，動点Pは正四面体の頂点Aにあります。その後，動点Pは１秒ごとに他の頂点に移動します。動点Pはどの頂点にも等しい確率で移動するものとして，次の問いに答えなさい。

　　　　　　　　　　　　　　　　（東邦大付属東邦）

　（1）　動点Pが移動し始めてから，２秒後に頂点Aにある確率を求めなさい。
　（2）　動点Pが移動し始めてから，５秒後に頂点Bにある確率を求めなさい。

＜考え方＞

（2）「５秒後に頂点Bにあるためには、４秒後に頂点B以外の頂点にいなくてはいけない」と考えます。さらに、ことがらXの起こる確率をpとすると、「Xの起こらない確率」＝$1-p$　が成り立つことを利用します（ことがらXに対して、Xの起こらないという事象（現象）を、事象Xの余事象といい、確率の計算では、余事象を考えたほうがわかりやすい場合がしばしばあります）。

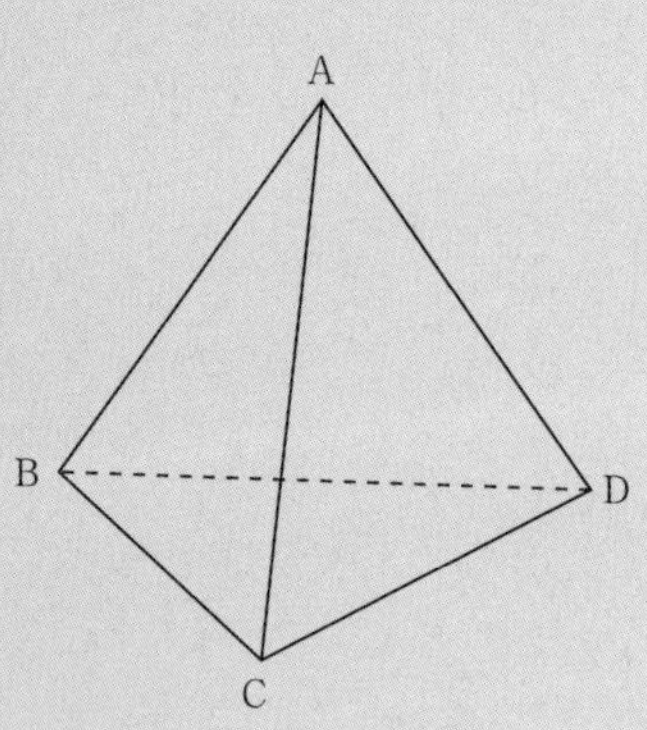

＜解き方＞

（1）　点Pが移動し始めてから、２秒後に頂点Aにあるのは、１秒後、２秒後の順にB→A、C→A、D→Aの３通りで、それぞれ$\frac{1}{3}\times\frac{1}{3}=\frac{1}{9}$だから、２秒後に点Pが頂点Aの上にある確率は、

$\frac{1}{9}\times 3=\frac{1}{3}$

（2）「５秒後に頂点Bにある確率」

＝「４秒後に頂点Bにない確率」×$\frac{1}{3}$

＝(1－「４秒後に頂点Bにある確率」)×$\frac{1}{3}$

が成り立つ。n秒後に頂点Bにある場合も、同様に考えて、

「n秒後に頂点Bにある確率」＝(1－「($n-1$)秒後に頂点Bにある確率」)×$\frac{1}{3}$

　１秒後に頂点Bにある確率は$\frac{1}{3}$だから、

　２秒後に頂点Bにある確率は、$(1-\frac{1}{3})\times\frac{1}{3}=\frac{2}{9}$

　３秒後に頂点Bにある確率は、$(1-\frac{2}{9})\times\frac{1}{3}=\frac{7}{27}$

　４秒後に頂点Bにある確率は、$(1-\frac{7}{27})\times\frac{1}{3}=\frac{20}{81}$

　よって、５秒後に頂点Bにある確率は、$(1-\frac{20}{81})\times\frac{1}{3}=\frac{61}{243}$

　問題２は難しい問題でしたが、この問題のように、より手数がかからず、間違えにくいように問題文を解読しなくてはならないことがしばしばあります。そのためにも、色々なタイプの問題に挑戦してそのコツをつかむようにしていくことが大切です。

WASE-ACA TEACHERS

数学

楽しみmath 数学！DX

多様なタイプの問題を解いて、確率の解法パターンを覚えよう

登木 隆司先生

早稲田アカデミー 城北ブロック ブロック長
兼 池袋校校長

新しい学年が始まりました。この講座では、最近出題された入試問題を題材にして、数学の基本事項を確認しながら、問題を解く手がかりの見つけ方を解説していきたいと思います。少しでもみなさんの勉強に役立つような講座にしていくつもりですので、１年間よろしくおつきあいください。

さて、今月は「確率」について学習していきたいと思います。はじめに、確率の求め方を確認しておきます。

確率の求め方

起こる場合が全部でn通りあり、どれも同様に確からしいとする。

そのうち、ことがらAの起こる場合がa通りであるとき

ことがらAの起こる確率　$p=\frac{a}{n}$

中学の確率では、樹形図や表を利用してすべての場合を調べあげるのが基本です。けれども、サイコロを３つ以上投げる場合や、６枚以上のカードから２枚またはそれ以上の枚数のカードを引く場合など、総数がかなり多くなる問題が出題されることもあります。このようなとき樹形図の「枝別れの仕方」が規則的であれば、それを利用して総数を計算で求めることも必要でしょう。なぜなら、すべての場合を書きあげる作業が大変なうえにミスを起こす可能性も多くなるからです。

また、樹形図や表を書くときには、数の小さい順やABC順など、書きあげる順番のルールを決めて、それに基づいて忠実に書きあげることが、漏れや重複を防ぐうえでとても大切になります。

それではまず、代表的なサイコロの問題とカードの問題を解いてみましょう。

問題１

(1)　１から６までの目のある赤と白の２個のさいころを同時に投げるとき，赤のさいころと白のさいころの出る目の数をそれぞれa，bとする。このとき，$\frac{2a+b}{5}$が整数になる確率を求めなさい。

（茨城県）

(2)　図のように，2，3，4，6，8，9の数字が１枚に一つずつ書かれた６枚のカードがある。この６枚のカードを裏返しにしてよく混ぜ，

英語で話そう！

川村 宏一先生

早稲田アカデミー　教務部中学課
上席専門職

朝がちょっぴり苦手な中学３年生のサマンサは、父(マイケル）と母(ローズ)、弟(ダニエル）との４人家族。

今日の授業も終わり、部活の時間になったので、サマンサと友だちのリリーが２人でテニスコートへ向かうと、女の子が走っている姿が見えました。その女の子は学校で一番走るのが速いアンナでした。

Samantha：Lily, let's go to the tennis court.
サマンサ　：リリー、テニスコートに行きましょう。

Lily　　：All right.
　　　　　Who is that girl jogging over there?
リリー：わかったわ。
　　　　向こうでジョギングをしているあの女の子はだれ？…①

Samantha：Anna is.
　　　　　She runs the fastest in our school.
サマンサ　：アンナよ。
　　　　　アンナは学校のなかで一番走るのが速いのよ。…②

Lily　　：Oh, really? She is good at running, isn't she?
リリー：そうなんだ。彼女は走るのが得意なのね。…③

Samantha： I envy her.
サマンサ　：うらやましいわ。

今回学習するフレーズ

解説①　現在分詞　～している	動詞のing形(現在分詞）で、名詞を後ろで説明する表現 (ex) Look at the baby sleeping in the bed. 「あの赤ちゃんを見てください。ベッドで寝ています」⇒「あのベッドで寝ている赤ちゃんを見てください」
解説②　最上級	「最も～だ。一番～だ。」ということを表す表現 (ex) This is the most interesting movie that I have ever seen.「これは私がいままで見たなかで最もおもしろい映画です」
解説③　be good at ～ing	「～が得意だ」ということを表す表現 (ex) In fact, she is good at cooking.「じつは、彼女は料理が得意です」

世界の先端技術

search Eyes-On Glasses

教えてマナビー先生！
今月のポイント

見えない皮膚の下の血管を手にとるように映し出して静脈注射が楽になるメガネ

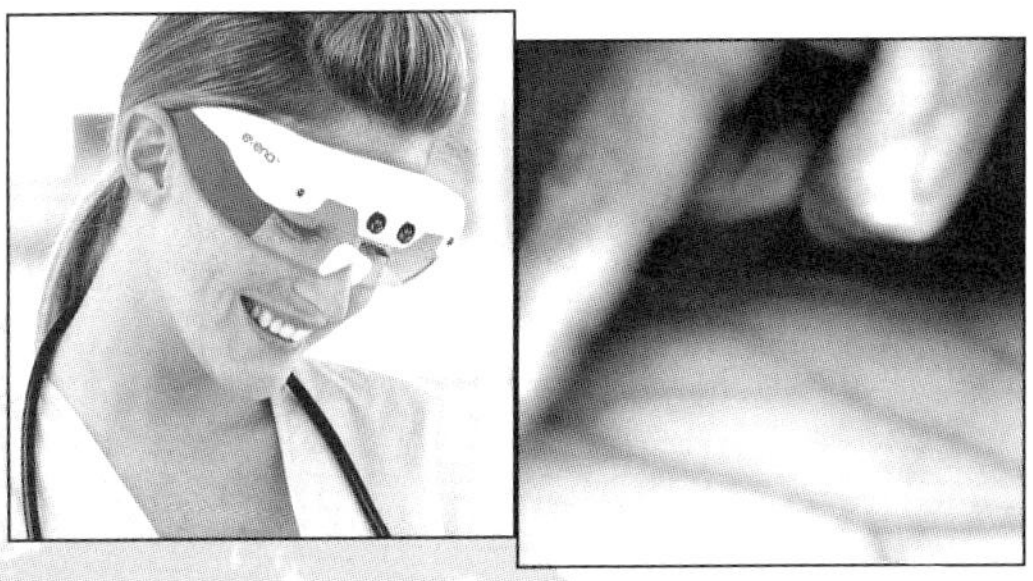

このメガネをかければ、皮膚の下の様子がはっきりとわかるので、（写真㊨は指でヒジの内側を触れているところ）看護師さんたちも仕事がすごく楽になる（©Evena Medical）

注射が好きな人はいないよね。それでも世界中の病院で何百万人もの人が病気を治そうと注射を受けている。今回紹介するのは、お医者さんや看護師さんが注射をするときにサポートしてくれるすごいメガネだ。

注射するのが最も難しいと言われているのが、静脈に直接薬を注入する静脈注射。血管をすばやく見つけて、正しい部位に注射針を刺さなければいけないんだけれど、なにしろ静脈の血管は身体の内部にある。外からはっきりと静脈が見える人もいるけれど、子どものように静脈が細くて見えにくい人も多い。

そんな人は何度も刺し直さねばならなかったり、薬剤がうまく入らず血管から漏れてしまったりすることもあって、静脈注射は本当に難しい作業なんだ。

そこで新しく開発されたのがEyes-On Glassesというメガネだ。これは、皮膚の下の血管をはっきりととらえるため、波長が違う４つの光をすばやく切り替えながら発光する光源、その光によって得られた画像を立体的に撮影する２台のカメラ、注射しようとしている人がかけているメガネの視野に、皮膚の下の静脈を重ねあわせて表示するスクリーン部から構成されている。

お医者さんや看護師さんは、このメガネをかけるだけで、肉眼では見つけにくい患者さんの血管の位置や様子をびっくりするぐらいはっきりと見ることができるようになり、すばやく注射器の針を刺すことができる。

これなら患者さんの負担も、お医者さんや看護師さんの負担も軽くすることができるね。また、注射した薬液がどのように血管を流れているかも見ることができるので、血管の外に漏れ出てしまうと皮膚組織に悪影響を与えてしまう特殊な薬剤のときにもとても便利だし、治療のスピードがあがるという利点もある。いまは血管の位置を示す機能しかないけれど、この技術が進めば、手術をするときにどこに臓器があり、メスをどのように入れればよいか、なんていうことも知ることができるようになる。Eyes-On Glassesはこの４月にも発売が開始されるそうだ。痛くなく、安心して、早く病気が治るようになるといいよね。

▶マナビー先生
日本の某大学院を卒業後海外で研究者として働いていたが、和食が恋しくなり帰国。しかし科学に関する本を読んでいると食事をすることすら忘れてしまうという、自他ともに認める“科学オタク”。

みんなの数学広場

問題編

答えは次のページ

初級～上級までの各問題に生徒たちが答えています。
どの生徒が正しい答えを言っているか当ててみよう。
もちろん、当てずっぽうじゃなく、実際に問題を解いてみてね。

TEXT BY かずはじめ
数学を子どもたちに、楽しく、わかりやすく、使ってもらえるように日夜研究している。好きな言葉は、"笑う門には福来る"。

上級

４人の医学部学生を救急車に分乗させて教育実習をしたい。
学生用の座席が３つある救急車２台に学生を分乗させる方法は何通りあるか。次の場合について考える。

方法１→学生も救急車も区別しないで、人数の分け方だけを考える
方法２→学生も座席も区別しないが、救急車を区別する
方法３→学生も救急車も区別するが、座席を区別しない
方法４→学生も救急車も区別し、さらに座席も区別する

方法１～４の答えを順番に正しく答えているのはだれですか？

A 答えは…

2通り、3通り、12通り、360通り

B 答えは…

2通り、3通り、14通り、360通り

C 答えは…

3通り、6通り、14通り、360通り

中級

ガスタンクが球形な理由は？

A 答えは…

キレイだから

真ん丸だと
キレイでしょ。

B 答えは…

めだつから

わかりやすい方が
いいよね。

C 答えは…

圧力が均等だから

ちゃんと
考えないと。

初級

64 ページある本があります。

このうち4ページから 19 ページまでを切り取りました。

このとき、この本の残りのページ数は？

A 答えは…

46ページ

実際に切り取ってみたら
こうなったよ。

B 答えは…

49ページ

4〜19で15ページだか
ら、64−15よね。

C 答えは…

50ページ

1〜3ページと20〜64
ページが残るから。

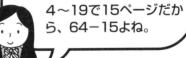

解答編

上級

正解は 答え **B**

方法１は２台の救急車に４人を分けることだから
（３人と１人）（２人と２人）の　**２通り**
方法２は２台の救急車をＰ、Ｑとすると
（Ｐ、Ｑ）＝（３人、１人）（２人、２人）（１人、３人）の**３通り**
方法３は２台の救急車をＰ、Ｑ
４人の学生をａ、ｂ、ｃ、ｄとすると
（ⅰ）４人を３人と１人に分けるとき、人の分け方が４通り
（ａと(ｂ、ｃ、ｄ)、ｂと(ａ、ｃ、ｄ)、ｃと(ａ、ｂ、ｄ)、ｄと(ａ、ｂ、ｃ)）
この１人と３人組をＰ、Ｑに分乗させる方法が各２通りあるから、
この場合の数は４×２＝８通り
（ⅱ）４人を２人ずつに分けるとき、人の分け方が３通り

$$\left(\begin{cases}a\ b\\ c\ d\end{cases}\ \begin{cases}a\ c\\ b\ d\end{cases}\ \begin{cases}a\ d\\ b\ c\end{cases}\right)$$

この２人組をＰ、Ｑに分乗させる方法が各２通りあるから、
この場合の数は３×２＝６通り
（ⅰ）と（ⅱ）を合わせて８＋６＝ **14 通り**
方法４は救急車をＰ、Ｑとして
Ｐの座席をＰ－１、Ｐ－２、Ｐ－３
Ｑの座席をＱ－１、Ｑ－２、Ｑ－３として
合計６席から４つを選んで４人に割り振るから

ａさん		ｂさん		ｃさん		ｄさん	
↓		↓		↓		↓	
６	×	５	×	４	×	３	＝**360 通り**
		↑		↑		↑	
		ａさんの席以外を選ぶ		ａさんとｂさんの席以外を選ぶ		ａさんとｂさんとｃさんの席以外を選ぶ	

A

あともう少しだったね。

B

C

方法１から間違っているようでは…。

中級

正解は　答え C

風船をふくらませてみましょう。
大きくなればなるほど球の形に近くなります。
これは圧力がなかで分散されるからです。
仮に立方体のタンクがあったとすると、角に圧力が集中して爆発しやすくなります。

A

確かに見た目は
キレイだけれども…。

B

めだつだけではなく、
ちゃんと理由があるんだよ。

C

Congratulation

初級

正解は　答え A

例えば左開きの本は左が偶数ページ、右が奇数ページです。
つまり４ページを切り取るということは、前の３ページを切り取ることになり、19 ページを切り取るということは、次の 20 ページもいっしょに切り取っていることになります。
したがって、3〜20 ページの 18 ページ分を取るので
残りは 64 − 18 ＝ 46 ページになります。

A

Congratulation

B

数え間違ったかな？

C

いっしょに切り取られるページを考えなかったね。

先輩に聞け！

大学ナビゲーター

東京学芸大学

初等教育教員養成課程 保健体育選修1年

河内（かわうち）菜那（なな）さん

将来の夢のための勉強と
バスケットボール部の活動
どちらも充実しています

教える立場を意識した実践的な講義の数々

——東京学芸大を志望した理由を教えてください。

「父が教師で、母が保育士なので、昔から先生という職業に興味がありました。先生になるといえば東京学芸大というイメージでしたし、バスケットボール部で活動したいとも考えていたので、全日本大学選手権大会にも出場するほど強い東京学芸大のバスケットボール部は魅力的でした。先生になるための勉強も、バスケットボール部の活動もどちらも充実できそうだと思い、東京学芸大を志望しました。」

——先生になりたいと本格的に意識し始めたのはいつごろですか。

「中学生になると、両親がコーチをしていた小学校のミニバスケットのクラブで自分もコーチをするようになり、小学生に教える楽しさを感じるようになりました。低学年と高学年では教え方を変えたりと工夫しながら指導していたので、伝えたいことがきちんと伝わって、小学生たちがうまく動けたときはすごく嬉しかったです。そのときの経験があるので、東京学芸大の課程のなかでも初等教育教員養成課程を志望しました。」

——一番関心がある講義はなんですか。

「スポーツと心理学を交えた内容の『体育・スポーツ心理学概説』です。この講義では、スポーツをするうえでいいパフォーマンスができるときはどういう精神状態なのかということなどを学びました。この講義で学んだことは、自分がスポーツをするときにも参考になりますし、指導者として教える立場になったときにも役立つと思います。」

——東京学芸大の講義の特徴はありますか。

「保健体育選修なので、バレーボールや

水泳など実技の講義が多いです。ただ技術向上のためにスポーツをするだけで終わらずに、教師になったときにどう授業を組み立てていけばいいかを学ぶため、講義中に模擬授業を行うこともあります。私はソフトボールの講義で先生役を務めました。ウォーミングアップ方法やルールを決めたり、ポイントの伝え方を工夫したりと、自分たちで授業展開を考えました。そのほかにも、水泳、器械運動、舞踊など、さまざまなスポーツに挑戦します。2年生はバスケットボールの講義もあるので楽しみです。

また、初等教育教員養成課程は東京学芸大附属小学校とそのほかの小学校と、教育実習が2回あるのも特徴的です。私は中・高の教員免許も取得するために、中学校か高校の教育実習にも行くので、合計3回実習に行く予定です。」

——部活について教えてください。

「東京学芸大を志望した理由の1つがバスケットボール部の活躍でもあったので、迷うことなくバスケットボール部に入部しました。練習は大体週5日で、平日は講義後の18時前から21時くらいまで練習しています。いまチームは関東学生リーグ2部に在籍しているので、1部に昇格することをめざしています。」

——これから楽しみにしていることや目標を教えてください。

「1年生は保健体育に関する講義が多かったのですが、2年生からは国語や図工など教科ごとの教え方を学べるのがすごく楽しみです。

先生になるという目標は決まっていますが、小・中・高どの先生になろうかはまだ迷っているので、これからの勉強や実習を通して自分に合った道を探していきたいです。」

【やると決めたことは絶対やる】

中学生のときもバスケットボール部に所属して熱心に活動していたので、睡眠もしっかりとらなくてはならず、まとまった勉強時間があるわけではありませんでした。それでも部活動と勉強を両立できたのは、忙しいなかでも塾や学校で出た宿題はしっかりこなし、やると決めた勉強は絶対にやっていたからだと思います。

【テスト前の計画を立てる際のポイント】

テスト前にはやらなければならない勉強を紙に書き出して、それらをいつやるか、毎回計画を立て、効率よくこなしていました。計画を立てる前に、今回のテスト範囲はどれくらいの分量があるのかをざっと確認するのがポイントです。確認することで、分量が多いかと思っていた教科が少なかったり、逆に少ないと思っていた教科が多かったりするので、計画を立てる前の確認は大事だと思います。

【高校3年間の部活動】

高校のバスケットボール部での活動はとても思い出に残っています。部活動のためにその高校に入ったくらい、バスケットボール漬けの日々を過ごしていたなかで、顧問の先生から色々なことを学びました。顧問の先生は、私が先生になりたいことも知っていたので、伝えたいことがなかなか伝わらなくても本気で伝えれば絶対伝わるから、逃げずに生徒と向き合うことが大切だと教えてくれました。

【受験生へのメッセージ】

その学校に行きたいという気持ちを持つことが大切です。私は大学受験で東京学芸大の公募推薦に落ちてしまったのですが、そこで諦めてしまわずに、一般入試に臨み合格することができました。一度だめだと思うことがあっても、いつか絶対いいことがあるはずなので、つらいことやめげそうなことに負けず、立ち向かっていってほしいと思います。

東京学芸大女子バスケットボール部のみなさん。

水泳の講義の際に撮影した写真。楽しげな様子が伝わってきます。

あれも日本語 これも日本語

NIHONGO column no.50

ウマにちなむ慣用句 下

ウマにちなむ慣用句、前号からの続きだよ。

「鹿を指して馬となす」。中国の故事から出た言葉で、事実ではないことを主張して押し通してしまうことをいうよ。「黒を白と言い換える」と同じ意味だ。

「将を射んと欲すればまず馬を射よ」。敵の将軍を倒すためには、将軍を狙うのではなく、乗っているウマを倒して、まずは将軍の力を削ぐ、という意味だ。そこから、強い相手と戦うときは、その周辺から攻略することをいうようになった。

「尻馬に乗る」はなにも考えず、他人の意見に賛同したり、行動をともにしたりすることだ。いい意味では使われないね。「あいつ、自分の意見がないくせに、先輩の尻馬に乗って発言している」というふうに使う。

「南船北馬」。中国は、南部は河川が多かったことから、移動するには船を用い、北部は平地が多く、ウマを多用したことから、頻繁に旅行することをいうんだ。「東奔西走」に似ているね。

「人間万事塞翁が馬」。これも中国の故事から。よいと思っていたことが災いを招き、災いと思っていたことがよいことにつながるたとえから、人生のよいこと、悪いことは予想がつかない、という意味だ。

似た言葉に「禍福はあざなえる縄のごとし」というのもあるよ。幸福と不幸は隣りあっているという意味だね。不幸なことがあっても悲観することはないんだね。

「馬脚を露わす」はボロを出すこと、隠していた都合の悪いことが明らかになってしまうこと。

「馬齢を重ねる」はムダに年をとることだ。「なにもしないまま馬齢を重ねました」なんて使うけど、謙遜で用いることが多いね。

「馬を牛に乗り換える」。足の速いウマから、足の遅いウシに乗り換えることで、よい方針を捨てて、悪い方針を採用するような場合に使う。「あのやり方でうまくいっていたのに、変なやり方に変えてだめになっちゃった。あれでは馬を牛に乗り換えたようなもんだ」といった感じかな。

ウマにちなむ慣用句、どうだったかな？ もっとあるから調べてみたらおもしろいよ。

ミステリーハンターQの
歴男歴女養成講座
春日 静
中学1年生。カバンのなかにはつねに、読みかけの歴史小説が入っている根っからの歴女。あこがれは坂本龍馬。特技は年号の暗記のための語呂合わせを作ること。好きな芸能人は福山雅治。
山本 勇
中学3年生。幼稚園のころにテレビの大河ドラマを見て、歴史にはまる。将来は大河ドラマに出たいと思っている。あこがれは織田信長。最近のマイブームは仏像鑑賞。好きな芸能人はみうらじゅん。
ミステリーハンターQ（略してMQ）
米テキサス州出身。某有名エジプト学者の弟子。1980年代より気鋭の考古学者として注目されつつあるが本名はだれも知らない。日本の歴史について探る画期的な著書『歴史を掘る』の発刊準備を進めている。

第一次世界大戦

1914年の第一次世界大戦の勃発からちょうど100年。当時の強国間の、複雑な同盟・対立関係は要チェックだ。

勇 今年は第一次世界大戦の勃発（ぼっぱつ）からちょうど100年なんだってね。

MQ 1914年から1918年にかけてドイツ、オーストリア、イタリアを中心とした同盟国とイギリス、フランス、ロシアを中心とした連合国が戦った戦争だね。

静 どうして戦争になったの？

MQ 当時のヨーロッパでは、ドイツなどの同盟国とイギリスなどの連合国との間で、バルカン半島や中東やアフリカの植民地支配をめぐって対立が激しくなっていたんだ。1914年6月にオーストリアの皇太子夫妻がセルビア人青年に暗殺される事件が起こり、7月にオーストリアがセルビアに宣戦布告、これをきっかけに、各国が続々と参戦して大戦争になったんだ。

勇 なんで世界大戦と言われるの？

MQ 世界のすべての強国が参戦したからだよ。

静 日本も参戦したの？

MQ 日本は日英同盟に基づいて、1914年の8月に参戦、中国の山東省にあったドイツの基地を攻撃したり、地中海に海軍を派遣したりしたんだ。でも大きな戦闘には参加しなかった。

勇 アメリカはどうしたの？

MQ アメリカにはお互いに相手に干渉しないという「モンロー主義」というのがあって、当初は中立を保っていたんだけど、1917年4月に連合国側について参戦、イタリアが同盟国から離脱して連合国側につくなどして、大勢が決まったんだ。ドイツ国内では反乱が起こったり、ロシアでは革命が起こって、ドイツと単独講和をしたりと、きわめて複雑な展開をみせたんだ。

静 それで連合国側が勝ったの？

MQ 最終的に、ドイツは補給難に陥り、皇帝を追放する革命が起こって、同盟国側は敗北したんだ。1918年11月に戦争は終わり、1919年にベルサイユ条約が結ばれた。

勇 4年以上も戦争して、ヨーロッパは大変だったんだね。

MQ この戦争で初めて戦車、航空機、潜水艦が登場、毒ガスが使われるなどの非人道的な行為もあった。前線の兵士だけじゃなくて、女性や未成年者までも兵器の生産などに動員され、総力戦と言われた。戦死、行方不明者は合計1800万人にものぼった。悲惨な戦争を繰り返さないために、アメリカのウィルソン大統領が国際連盟の設立を提案、民族自決を提唱したけど、20年後には第二次世界大戦が勃発してしまった。

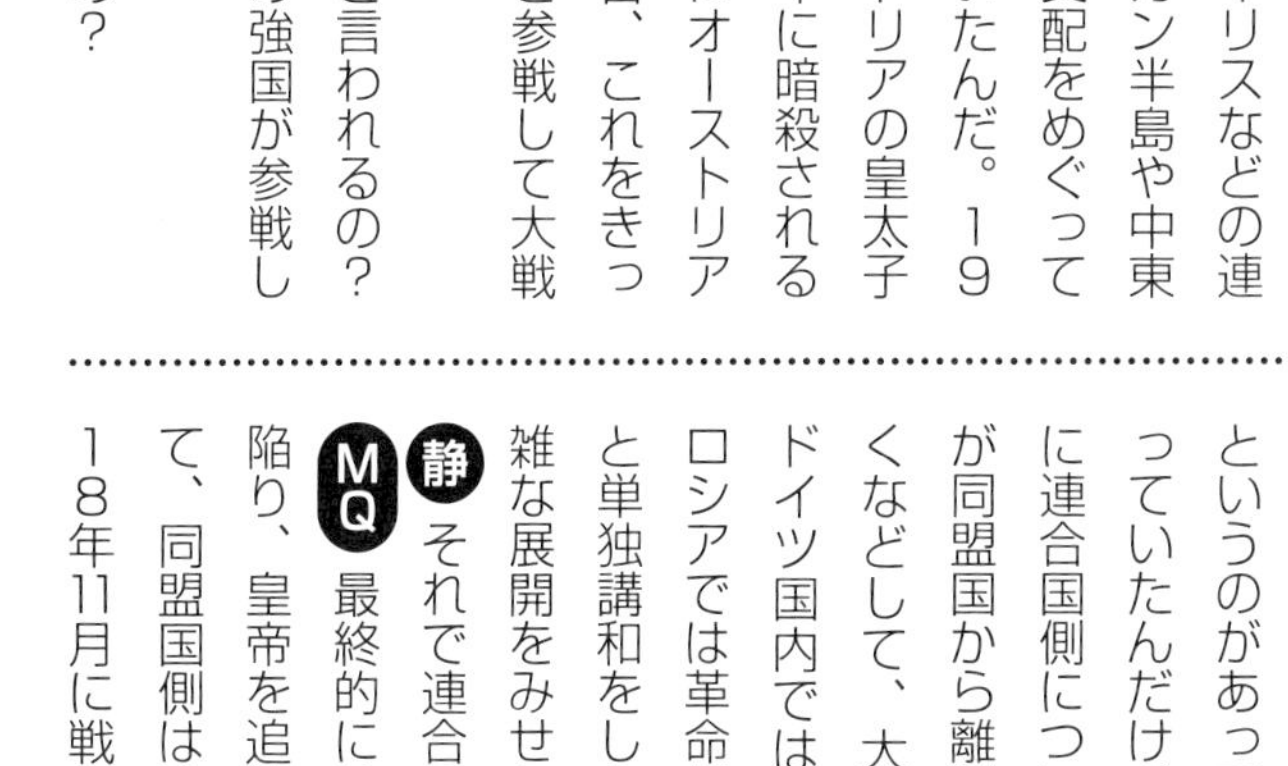
第一次世界大戦ごろの戦車

あたまをよくする健康

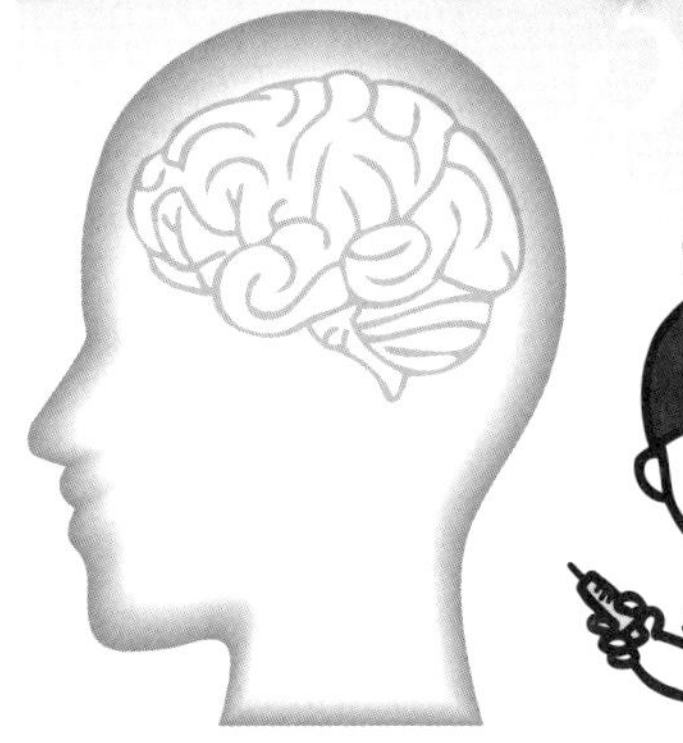

ナースであり
ママであり
いつも元気な
FUMIYOが
みなさんを
元気にします！

by FUMIYO

今月のテーマ

PM2.5

ハロー！ Fumiyoです。この時期、花粉症でマスクが外出時の必需品！ という人も多いよね。薬局でマスクを探していると、「PM2.5対応マスク」と書いてあるものを見つけました。花粉やホコリ対応マスクと、PM2.5対応マスクはどこが違うのかしら…？ ここ数年でよくテレビや新聞などで見るようになったPM2.5。身体に悪いということはなんとなくわかりますが、どうして身体に悪いのか、PM2.5について詳しくみてみましょう。

私たちの生活している大気中には、さまざまな物質が浮遊しています。そのなかでも、粒の直径が2.5μm（マイクロメートル）以下のとても小さな粒子をPM2.5と呼んでいます。

PM2.5は、石炭などの化石燃料や草木を燃やしたときに出る煤煙や、自動車などの排気ガスから発生したり、揮発性有機化合物（VOC／トルエン、ベンゼンなど）や窒素酸化物（NOx）などの汚染物質が化学反応を起こして粒子化したため発生します。

とても小さな粒子のため、吸い込むと肺の奥まで入り込む可能性が高く、ぜんそく、気管支炎などの呼吸器系の病気や、心筋梗塞、動脈硬化、脳卒中などの循環器系の病気を引き起こす恐れがあると心配されています。

環境省では、こうしたPM2.5から人々の健康を守るために、環境基本法第16条第1項に基づいて、1年平均値15μg/m³以下かつ1日平均値35μg/m³以下（2009年9月設定）と環境基準を定めました。

そして、2013年には、1日あたりの平均値が70μg/m³を超えると予測された場合には、注意喚起を行うよう、環境省から暫定的な指針が発表されました。環境省や都道府県のホームページには、各自治体が実施している常時監視の速報値が掲載されています。全国700カ所以上もの地域で常時監視が行われているので、自分が住んでいる地域の値をぜひ一度調べてみてください。

PM2.5が危険な粒子であることはみなさんわかりましたか？ では、このPM2.5をできるだけ体内に取り込まないようにするためには、どうすればいいのでしょうか？ 3つのポイントをご紹介します。

1．外出時はマスクをつける！ PM2.5を吸い込まないことが一番です。PM2.5対応の高性能マスクでも、頬や顎に隙間があると吸い込んでしまうことになります。隙間を作らないようマスクのつけ方に気をつけ、正しく着用しましょう。

2．外出から戻ったら、手洗い・うがいをしっかりとする！ 身体についている花粉やほこりといっしょに、PM2.5も落としましょう。

3．洗濯物を干すときは情報に注意！ 高い測定値が出ていたり、注意喚起情報が出ているときには、とくに気を配って、洗濯物を室内に干しましょう。

PM2.5が日本へ飛散する時期は、中国からの偏西風の影響を受けやすい1～5月といわれており、花粉症や黄砂の時期とも重なって、さまざまなものがいっしょに飛散します。上記のPM2.5対策のポイントを実践すれば、風邪予防や花粉症対策にもつながりますので、PM2.5対策とともに風邪予防や花粉症対策もして、春も健康に過ごしましょう。

Q1

PM2.5は、髪の毛の太さと比べてどれくらい小さいでしょうか？

①約$\frac{1}{10}$ ②約$\frac{1}{20}$ ③約$\frac{1}{30}$

正解は、③の$\frac{1}{30}$です。

髪の毛の直径は、約70μmといわれています。髪の毛の直径の$\frac{1}{30}$とは、PM2.5の粒子はとっても小さいんですね。

Q2

PM2.5の「PM」とは、なんの言葉の頭文字を取ったのでしょうか？

①Post Meridiem ②Particulate Matter ③Prime Minister

正解は、②のParticulate Matter（粒子状物質）の頭文字です。

①は午後を表す「P.M.」を略さずに言ったもので、③は総理大臣や首相という意味です。

SUCCESS NEWS

サクニュー!! ニュースを入手しろ!!

産経新聞編集委員
大野 敏明

◀PHOTO 「STAP細胞」を開発した理研発生・再生科学総合研究センター細胞リプログラミング研究ユニットの小保方晴子ユニットリーダー(写真:時事)

今月のキーワード

STAP細胞

細胞を弱酸性の溶液に浸すだけで、あらゆる細胞に変化し得る万能細胞を作ることに成功したと、日本の理化学研究所などの研究チームが発表しました。今回はマウスの細胞による実験ですが、人体にも応用できるようになると、痛んだり破壊されたりした細胞を復元することが可能になり、夢の再生医療が実現することになります。「動物の細胞は外部刺激だけでは万能細胞にならない」との従来の説を覆すものだけに、世界に衝撃が走ると同時に大きな期待が寄せられています。

この万能細胞は英語の頭文字から「STAP細胞」と呼ばれています。

万能細胞とは、初期の受精卵と同じように、心臓、肝臓、胃などの内臓や神経、筋肉、皮膚など、身体のさまざまな細胞に変化する細胞です。

万能細胞には、受精卵の内部の細胞を取り出して作るＥＳ細胞と、ノーベル医学・生理学賞を受賞した京都大の山中伸弥教授が作製したiPS細胞がありますが、STAP細胞は第三の万能細胞ということになります。

研究チームは、マウスのリンパ球を弱酸性の溶液に約30分間浸して強い刺激を与え、これを培養することで、数日から１週間後に、細胞を受精卵のように初期化して、あらゆる細胞に分化し得る万能細胞を作製することに成功したといいます。細胞が初期化されることから、再生医療だけではなく、若返りも可能になるのではといった意見もあります。

STAP細胞の優れた点は、作製が短時間で容易なうえ、iPS細胞では作れなかった胎盤を作製することができ、さらにがん化のリスクもないということです。

しかし、人体での実験はこれからで、人体への応用が可能か、安定性やその他の障害はあるかなどを研究する必要があります。また再生医療には膨大な細胞が必要なことから､量産技術の確立も課題です。

研究チームのユニットリーダーは小保方(おぼかた)晴子さんという30歳の研究者です。早稲田大大学院で博士号を取得し、東京女子医科大やアメリカのハーバード大で研究を積んだ人です。

小保方博士らの研究は、従来の常識を覆すものだっただけに、当初は科学誌から相手にされなかったということです。しかし、ねばり強い研究の結果、成果が認められることになりました。理科系女子のことを「リケジョ」といいますが、日本のリケジョが世界的な発見をしたわけで、日本の誇りといってもいいでしょう。

ようこそ、おとぎの国へ

白雪姫と鏡の女王

2012年／アメリカ
監督:ターセム・シン

『白雪姫と鏡の女王』好評発売中
DVD 2,500円(税抜)
発売元:ギャガ／販売元:ハピネット

継母vs白雪姫の壮絶バトル!

オープニングの雰囲気は、世界的に有名な原作と同じように、恐ろしい継母による白雪姫へのねたみとイジメの幕開けを彷彿とさせます。しかし、いい意味でその予想は裏切られていきます。まず目を引くのが、明るいイメージの名女優、ジュリア・ロバーツが強欲な継母役を演じるというキャスティング。自分勝手で意地悪な継母というキャラクターは変わりませんが、あまりにも横柄すぎる態度が逆に滑稽に、あまりにも意地悪すぎるセリフが逆に子どもっぽく感じられ、むしろ笑いを誘う存在になっています。

あるとき、白雪姫はこの継母の浪費によって国の財政が非常に悪化していることを知ります。父が生きていた時代には栄えていた町の様子をひと目見ようと、白雪姫は城を飛び出します。ここから、白雪姫と継母との闘いが始まります。

王子や7人の小人、そして白雪姫、どのキャラクターも原作とは違った設定になっていますが、コメディタッチのストーリーにピタリとマッチ。

壮大な闘いの果てに迎える終幕はどうなるのでしょうか。

オズ はじまりの戦い

2013年／アメリカ
監督:サム・ライミ

『オズ はじまりの戦い』
Blu-ray+DVDセット発売中
3,800円+税
発売元:ウォルト・ディズニー・スタジオ・ジャパン

カラー効果でおとぎの世界が広がる

1900年に発表された『オズの魔法使い』。当時革新的であったカラー図版の絵本は人々の心をとらえ、その後も映画化をはじめ、アニメ、ミュージカルなど、世界中で広く親しまれてきました。

この映画の主人公は、口がうまくて調子のいい手品師オズ。そう、彼があの「偉大なる魔法使いオズ」です。どのようにして手品師のオズが偉大な魔法使いへと成長するのか、この作品はオズ誕生の物語です。

オズは、ある日、魔法の国に迷い込みます。そこに映し出されるのは、世にも美しい幻想的な風景。モノクロからカラー映像に切り替わる効果も手伝って、自然とおとぎの世界へと引き込まれます。

しかし、美しさとは裏腹に、この魔法の国でオズにさまざまな試練が降りかかります。現実世界では何事からも逃げてきた自己中心的なオズ、そんな彼が試練と向き合い、悪い魔女を倒すことができるのでしょうか。

魔法の国で出会う仲間たちのキャラクターも魅力的です。家族で楽しめて、勇気をもらえる作品になっています。

ジャックと天空の巨人

2013年／アメリカ
監督:ブライアン・シンガー

『ジャックと天空の巨人』
Blu-ray発売中
2,381円+税
発売元:ワーナー・ホームビデオ

童話を原作とするアクション映画

原作はだれもが知っているイギリス童話『ジャックと豆の木』。「豆」から伸びたツルが天空へとつながり、その先の世界に恐ろしい「巨人」が住んでいるというお話ですね。本作では、その物語が、まったく新しいアクションファンタジーとして生まれ変わっています。

眠りにつく前のひととき、幼い子どもたちはお母さんに本を読んでもらいながら考えます。天空には巨人が住んでいるのかな? ジャックもそんな子どもの1人でした。

ある日、青年ジャックは「豆」を手に入れます。その豆が、あるきっかけで天空へと伸びていってしまいます。それもまるで死闘の幕開けを告げるかのような恐ろしい勢いで。それが冒険の始まりでした。

人間と巨人の戦いはいったいどのような結末を迎えるのでしょうか?

スピーディーな展開とわかりやすいストーリーで、大人から子どもまで楽しめる作品になっています。大男たちの特殊メイク、日本語吹き替え版の個性的な声優たちにも注目です。

今月の1冊

サクセス書評

4月号

『先生、シマリスがヘビの頭をかじっています！』

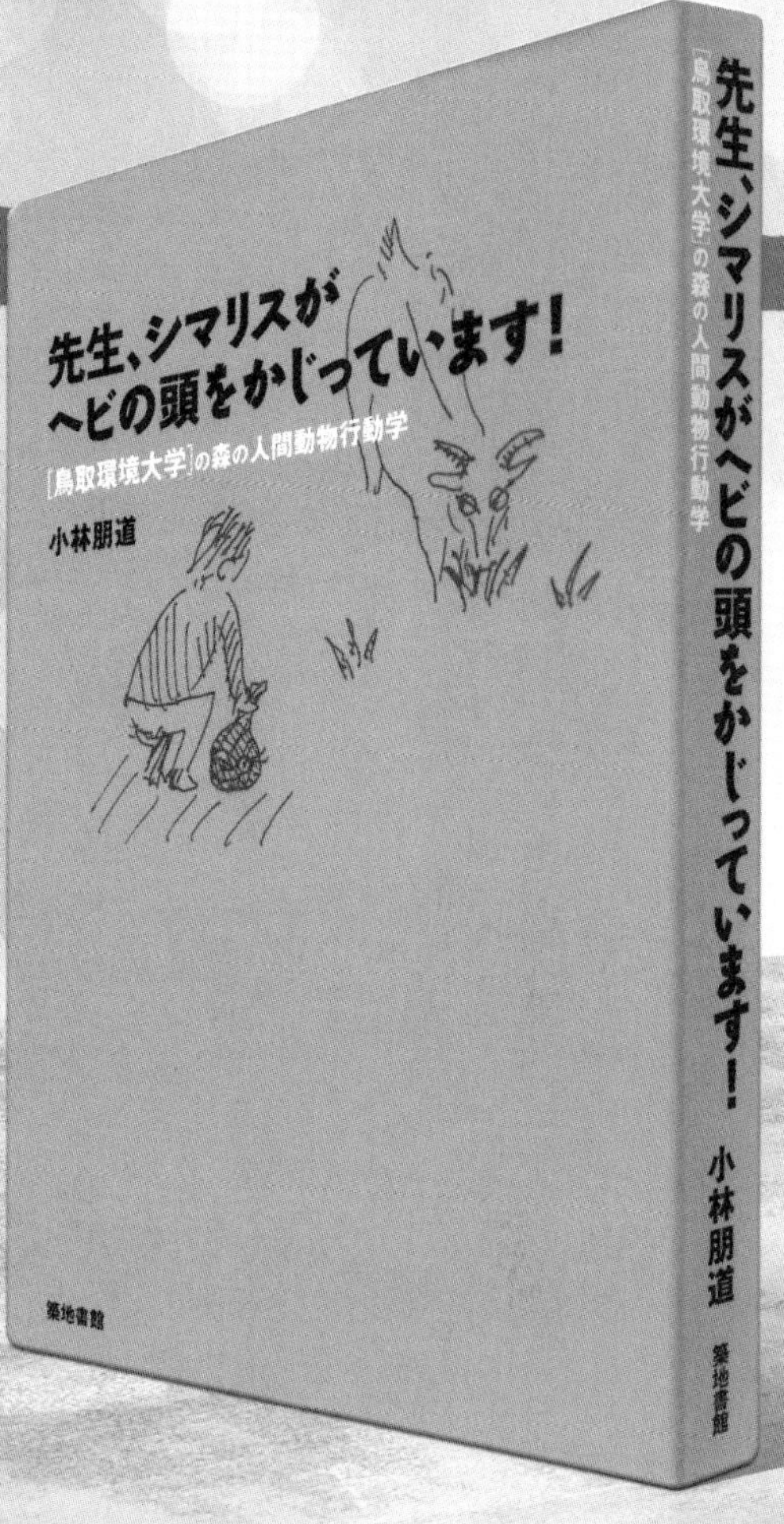

ヘビの頭をかじるリス？　生物の不思議がいっぱい

◆『先生、シマリスがヘビの頭をかじっています！』
著／小林 朋道
刊行／築地書館
価格／1600円＋税

「動物行動学」という学問を知っているかな？　文字通り、生物の行動を研究する学問のことだ。

鳥取県にある鳥取環境大学で教授を務める著者は、その動物行動学と人間比較行動学を専門としていて、2つを合わせて「人間動物行動学」と呼び、動物とそれにかかわる人間の行動を日々研究している。

自然に恵まれた大学構内、そして大学だけに留まらず、学外のさまざまな場所で著者が目撃、体験した、生物と人間の驚くような行動をつづったのが、この『先生、シマリスがヘビの頭をかじっています！』だ。

登場する生物は、イノシシ、ヤギ、タヌキ、ヘビ、シマリス、イモリ、ドジョウ、アカネズミ、テン、イヌ、ネコ、そして人間。

普段あまり動物と接する機会がない人はもちろん、イヌやネコ、ハムスターなど、家でペットとして動物を飼っている人にとっても興味深い内容がたくさん詰まっている。

あのかわいらしいシマリスが、天敵のヘビの頭をかじるなんてことが本当にあるのだろうか。ぜひ本書で確かめてみてほしい。

それにしても、出てくる生物たちの「え、そんなことができるの」とビックリしてしまう行動もさることながら、筆者・小林朋道教授の登場生物たちへのあふれる愛と探究心、フットワークの軽さがすごい。

大学の近くの農地を借りて、「冬期湛水不耕起栽培」という方法の稲作りを実践したり（しかもヤギを使う）、学生に「田んぼの稲に被害を与えるイノシシの捕獲に挑戦しよう！」というテーマで研究・実践をさせてみたり。

（かなり限定的ではあるけれど）世の中にはこんな仕事もあるんだ、と視野が広がるのではないだろうか。

このシリーズは、ほかにも現在までに『先生、巨大コウモリが廊下を飛んでいます！』など6冊出版されているので、「もっと小林先生と生物のドタバタ劇を読んでみたい」という人は、ぜひ手に取ってみてほしい。

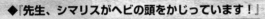

Q 計画的に勉強を進めるポイントを教えてください。

どちらかというと、コツコツと努力するタイプだと思っていますが、中学３年生になって、もう少し計画的に勉強ができるようになりたいと考えています。どのようにしたら勉強を計画的に進めることができるでしょうか。教えてください。

（所沢市・中２・KR）

A 臨機応変に対応する姿勢で計画を立てていきましょう。

努力に勝るものはないですから、コツコツと努力できるということは立派なことだと思います。

さて、計画的に勉強を進めるにはどうするかですが、大事なことは結果として勉強ができているかどうかです。仮に、計画だけ万全なものであったとしても、それが計画倒れに終わり、結果的に勉強が実践できていないような場合も見かけられます。それではなんのための計画なのかわからなくなってしまいますから、計画を立てて勉強することは重要ですが、「計画のための計画」とならないように注意するべきです。計画を立てるだけで、勉強した気になってしまうことが一番危険です。

そこで、計画を立てるときに気をつけたいのは、完璧で少しもすきのないような計画にはしないことです。学校の定期試験の時期を前もって予定に入れ、それぞれの時期に、どこに重点を置いて勉強していくかを考えましょう。そして、なにをどのように勉強するかを中心に無理のない計画を立ててください。あくまで計画は予定ですので、それぞれの状況に応じて、必要があれば変更するという姿勢でいたいものです。

学校行事や塾の予定も考慮に入れて、無理なくこなすことのできる学習計画を立てていきましょう。「千里の道も一歩から」といいます。決して焦らず、努力を積み重ねていってください。

なんとなく得した気分になる話

生徒　先生

身の回りにある、知っていると
勉強の役に立つかもしれない知識をお届け!!

七福神巡り

先生、どうしたの？　歩くスピードがいつもより遅いね。

今日は朝から足が痛い。

ねんざでもしたの？

いや、昨日が休みだったから、七福神巡りをしたんだよ。

七福神巡り？　それってなに？　するとお金持ちになれるの？

きみはいつもお金ばかりだなあ。確かに、お金持ちになれますように！　と拝んできたけどね（笑）。

お金持ちになりたいなあ～。ぼくもお金の神さまだけ拝んでこようかなあ。

お金の神さまだけでなく、七福神という限りは、7つの神さまにごあいさつに行かないといけない。恵比須、大黒天、弁才天、毘沙門天、布袋、福禄寿、寿老人の7人の福の神すべてにごあいさつに行くのが七福神巡りだ。

で、だれがお金の神さま？

しつこいなあ（笑）。じゃあ、だれだと思う？

大黒天？　確か、打ち出のこづちを持ってた気がする。違う？

大黒天は、五穀豊穣の神さまで、あのこづち（小槌）は、土のつながり言葉で、土を意味するんだ。土はすべての作物を生み出す。つまり、土とは、田んぼのこと。宝は土（田んぼ）から出てくるという意味で、大黒天は五穀豊穣の神なんだよ。五穀豊穣でお金持ちになれるから、半分正解だな。

じゃあ、恵比須は？　エビ持ってる神さまだよね？

あれは、鯛（たい）だ。釣竿と鯛を持っているのが恵比須。この神さまは、網を使って一気に漁をするのではなく、竿で1匹1匹を釣るという地道な気持ちさえあれば、商売も繁盛するという、いわゆる商売繁盛の神さまだ。これもお金に関わる神さまだな。

ということは、恵比寿と大黒天だけ巡ればいいということだよね？

いや、ダメだ！　弁才天は弁財天とも書くのを忘れてはいけない。才は、知恵の神を表し、財は財産の神を表している。

へえ～、弁才天にも行かなきゃだ。

まだまだ！　毘沙門天は、勝負の神さまだ。勝負に勝たなければ、お金持ちにはなれん。

確かにそうだ。毘沙門天も行かなきゃだ。

さらに、布袋は開運、福禄寿は長寿、寿老人は幸福、の神々だ。運も開けなければ、お金持ちにはなれないし、ましてや、健康でなければお金だけあっても幸福ではない。どうだ、七福神すべて巡って初めて福を得るわけだ。

でも、なんか納得いかないなあ。七福神巡りをするとお金持ちになれる。でも、お金の神さまっていないんだね。

いや、思い込みはいけない。七福神巡りをすればお金持ちになれるとは言ってない！　考えてもみなさい。普通の生活で空からお金が降ってくることはない。お金を得るためには、働かなきゃいけないからだ。昔から「働かざる者食うべからず」と言うからね。七福神はみんなが、楽しく健康で働けるために必要な神さまという意味なんじゃないかなあ。

じゃあ、先生は、七福神巡りをして楽しく健康で働けているの？

まあ、たぶん…。

でも足が痛いんでしょ？　七福神巡りをしたのに痛いなんて、おかしくない？

ううん…。それとこれとは別だ。

どこが違うの？　やっぱり七福神巡りは効果ないんじゃないの。

いや、神さまが先生の運動不足を教えてくれたんだよ。

だから足が痛い？　すごい教え方だね。

Success Ranking

国・地域別在留邦人数、国籍・都道府県別在留外国人数ランキング

みんなは外国人の友だちがいたり、将来海外に住みたいという願望はあるかな？　今回は海外に住んでいる日本人、そして日本に住んでいる外国人の人数についてのランキングだ。いったいどの国が多いのかな。

国・地域別在留邦人数
（2012年10月1日時点）

順位	国・地域名	邦人数
1	**アメリカ**	**41万973人**
2	中国	15万399人
3	オーストラリア	7万8664人
4	イギリス	6万5070人
5	カナダ	6万1854人
6	ブラジル	5万5927人
7	タイ	5万5634人
8	ドイツ	3万8740人
9	フランス	3万4538人
10	韓国	3万3846人
11	シンガポール	2万7525人
12	マレーシア	2万444人
13	フィリピン	1万7822人
14	台湾	1万5870人
15	インドネシア	1万4720人
16	ニュージーランド	1万4409人
17	イタリア	1万3200人
18	アルゼンチン	1万1711人
19	ベトナム	1万1194人
20	スイス	9641人
21	メキシコ	8095人
22	スペイン	7547人
23	インド	7132人
24	オランダ	6452人
25	ベルギー	5677人

※データは外務省「海外在留邦人数調査統計」より
対象は３カ月以上海外に在留している長期滞在者と永住者です。

国籍・地域別在留外国人数
（2013年6月末時点）

順位	国籍・地域	在留外国人数
1	**中国**	**64万7230人**
2	韓国・朝鮮	52万6575人
3	フィリピン	20万6769人
4	ブラジル	18万5644人
5	ベトナム	6万1920人
6	アメリカ	4万9216人
7	ペルー	4万8979人
8	タイ	4万699人
9	台湾	2万9466人
10	ネパール	2万7584人
11	インドネシア	2万6171人

都道府県別在留外国人数
（2013年6月末時点）

順位	都道府県	在留外国人数
1	**東京都**	**40万828人**
2	大阪府	20万3686人
3	愛知県	19万6379人
4	神奈川県	16万3906人
5	埼玉県	12万809人
6	千葉県	10万7214人
7	兵庫県	9万6493人
8	静岡県	7万6354人
9	福岡県	5万4275人
10	京都府	5万1846人

※データは法務省より
対象は３カ月以上日本に在留する中長期在留者と特別永住者です。

Educational Column

15歳の考現学

大学の入試制度が変わるのに連動して
高校の中身やその入試制度も変わるべき

私立 INSIDE

私立高校受験

東京都の私立高校
一般入試応募傾向 速報

公立 CLOSE UP

公立高校受検

公立高校入試の
近年の改革と今後の変化

BASIC LECTURE

高校入試の基礎知識

知っておきたい
高校入試用語辞典[上]

受験情報

神奈川

神奈川公立の最難関は横浜翠嵐

神奈川県は、2月14日に行われた一般入試の概要を発表した。

全日制の平均競争率は1.19倍で、昨年度と比べて0.01ポイントあがった。このうち普通科では募集人員2万9742人に対し、受検したのは3万5409人。

志願変更後に志願を取り消した者と当日欠席者は合わせて564人だった。

全日制の普通科、専門学科を合わせて最も倍率が高かったのは横浜翠嵐で2.10倍。次いで市立横浜商業の国際学科が2.06倍、弥栄の単位制芸術科美術専攻が2.00倍だった。

学力向上進学重点校では、横浜翠嵐に次いで湘南が1.61倍、横浜緑ヶ丘1.49倍、光陵1.47倍、川和1.44倍、柏陽1.42倍だった。

東　京

都立高校一般入試倍率は1.42倍

東京都教育委員会は、2014年度の都立高校一般入試受検状況を発表した。

2月24日に一般入試が行われた全日制173校の平均受検倍率は1.42倍で、2013年度（1.43倍）より0.01ポイントの減となった。

この日は、すでに終了した海外帰国生徒枠を除いた全日制の募集人員3万1693人に対し、4万5148人（男子2万2872人、女子2万2276人）が受検した。

出願したものの、私立高校に合格したことなどで受検しなかった生徒は2559人。不受検率は5.36%で、前年度の5.29%に比べ0.07ポイント増加した。

合格発表は2月28日に実施された。

15歳の考現学

大学の入試制度が変わるのに連動して 高校の中身やその入試制度も変わるべき

受験者が増えて定員が減り 厳しさを増す高校一般入試

本稿執筆時点は、2014年度首都圏私立高校一般入試の直前です。

さて、首都圏私立中学入試の方は2月1日（東京・神奈川私立中学入試の初日）の速報値での実受験者数が、前年比4・5%の減少となったことがわかりました。

これは私どものアンケートに回答をいただいた私立中学のすべてを入力した結果です。とはいえ、まだ数校の未公表校がありますから、若干の数字の動きはありますが、97〜98%にいたる判明率ですから、これ以降では大きな変化はないでしょう。

前年比4・5%の減少といってもそれがどんなものなのかわかりにくいでしょうが、リーマンショック以前のピーク時対比の減少率に置き換えるとちょうど20%減になることがわかっています。つまり、その20%ぶんが中学入試から高校入試に移っていることになります。

今春の高校入試への挑戦者は、3年前に、もしかしたら中学入試を受験していたかもしれない学年です。その時点で、すでにピーク時対比15%くらいに減っていた学年に相当します。つまり、それだけ中学入試の関門は緩やかになり、反面、高校入試の選抜が厳しくなっていると予想がつきます。

その一方で、中学受験の私立中学受験生減少とは逆に、公立中高一貫校受検生が、この数年1万数千人規模にはなっています。

公立中高一貫校へとシフトした学校は、そのぶんにあたる高校定員枠が少なくなっています。

高校を受ける生徒が増え、受け入れる側の定員は減っているわけですから、当然、高校入試は厳しくなります。増えた受験生の中身は、以前なら私立中学を受験したであろう比較的成績上位層の一団と考えられますから、勢い、上位高校受験が狭き門になるという状況を意味します。

加えて、「ゆとり教育」批判により現行学習指導要領は、以前の3割削減前のカリキュラムに戻りました。呼応して入試も以前のようなやや難しい入試問題が出始めました。

高校の一般入試について、何年か前から感じていた「中学入試より高校入試の方が難関校も含めて取り組

森上（もりがみ） 展安（のぶやす）

森上教育研究所所長。1953年、岡山県生まれ。早稲田大学卒業。進学塾経営などを経て、1987年に「森上教育研究所」を設立。「受験」をキーワードに幅広く教育問題をあつかう。近著に『教育時論』（英潮社）や『入りやすくてお得な学校』『中学受験図鑑』（ともにダイヤモンド社）などがある。

みやすいのではないか」という見解は少し修正しなくてはいけないかもしれません。

センター試験改革で心配される高校生活の変化

ここで少し話題を変えます。大学入試制度が近く変わることから、高校生活がそれによってどのように変化するのか、ということが、これからの高校生の大きな関心事になりつつあります。

とくに公立トップ高校の生徒は、勉強も部活も頑張って一浪覚悟で受験していますから、高校の1～2年でも「新たな大学入試センター試験」を受けることが可能となれば、高校はいきなり受験生活一色になるのではないか、という心配が出てきます。そうなると公立トップクラス高校生に代表されるような、勉強も部活もという、いわゆる文武両道スタンスは廃れていくのではないか、という懸念が持たれるわけです。

筆者は、それは新たなセンター試験で問われる到達度テストのレベルと性格によると考えていますが、確かに従来のようなセンター試験をイメージすればその心配はありますね。

大学の学習とのつながりが濃い高校があるべき姿

大学入試制度のことはおいて「高校がどうあるべきか」というところに力点をおいて考えると、やはり大学の学習と強い連携を持つ高校が、あるべき姿だという考えには、あまり異論はないだろうと思います。

このたび、理化学研究所の小保方晴子博士がSTAP細胞という、iPS細胞研究に匹敵する研究成果をあげた、との報道がありました。その小保方博士の成果は、もちろん本人の卓越した能力もさることながら、一線のベテラン研究者による強いサポートが実ったからだ、という解説を多く読みました。

私どもは、受験でも指導者の大切さをよく指摘するのですが、研究・実践においても指導者のよさは本当に重要なのだということを改めて感じさせられました。

高校課程で学ぶ多くのことは、大学の教養課程にあたるところと重なるのですが、その教養課程がしっかりしている大学が少ない現状では、余計この高校課程と大学との連携が重要となります。

じつは小保方博士は、早稲田大理工学部が入試を見直して実施した新方式の合格者の第1号で、早稲田大理工の入試改革が実を結んだという側面の事実もあります。いわゆるAO入試で、いまでは改編して実施されていますが、この小保方博士のときの入試では関係する全教官が選抜に携わる、という非常に手をかけた入試であったのです。

筆者の知人がこの入試改革をお手伝いしたのでこうしたことが言えるのですが、優れた指導者がこうした学生をとりたい、と思える選抜があるべき選抜だと思います。

小保方博士の受けた入試はそういう意味では双方に恵まれた機会を提供したことが実証されたわけです。

このように高校での学習を大学が支援したり、強化したりする方向で、選抜が行われる途（みち）も今後の入試改革―推薦入試―の1つの大きな方向でもあります。

大学入試の改革と連動し高校推薦入試も変わるべき

そのような大学入試のもう1つの改革にも注目したいものです。そのなかにはIB（インターナショナルバカロレア）のDP（ディプロマ）を得ればよい、という方式も東大や京大の推薦入試のなかに加えられる模様です。

つまり高校での多様な学びが高大の連携のもとに指導される、といったことになれば、高校でどのような学びをできるのか、できたのか、内容本意で選抜することができ、将来の大学選びの途を示してくれます。

しかし、高校入試に合格しなければ、そのような教育は受けられないとなると、これは制度の設計としてどうなのか、ということにもなります。なぜならそうした多様な学びは、個性重視の考えが基調にあるからこそ用意できるからなのです。

したがって、例えば先ほどのDPにつながるIBプログラムでいうなら、MYPという中学課程のIBプログラムを履修していれば高校に進むことができ、DPが受けられるという流れになります。学びが次の学びにつながっています。

つまり、高校入試制度もこうした大学入試改革に伴って、一般入試はともかく、推薦入試の内容を多様にしていくことが求められるでしょう。一般入試の制度改革はなかなか進みにくいでしょうが、こうした多様化を視座においた推薦入試改革はもう目前になりつつあります。

東京都の私立高校一般入試応募傾向 速報

この「私立インサイド」のページは、受験生と保護者に首都圏の私立高校やその入試システムについて知っていただくためのスペースです。とりわけ受験学年である中学3年生に役立つ知識を取り扱う連載となります。今回は、東京都生活文化局が2月3日、都内私立高校の一般入試応募状況について中間発表した内容（1月29日正午まで）です。来年度、私立高校受験を考える際の参考としてください。

今春も高倍率は変わらず 私立校中間応募者は6万人弱

本誌がお手元に届くころには私立高校入試の最終状況も出そろうころでしょうが、本誌の締め切りまでには、まだ中間状況しか手に入れることができませんでした。

ここでは東京都の私立高校一般入試について、その中間集計を掲載し、まとめてみます。

都内私立高校一般入試の願書受付は1月25日に始まりましたが、この中間集計は同29日正午までの出願をまとめたものです。昨年までも同時期の調査で統計をとっているため、全体の応募傾向をつかむことができます。

発表された東京私立一般入試の中間応募人員は6万人をわずかに割って5万9956人。昨年より850人減りました（昨年は6万806人）。

応募（中間）倍率は2・95倍で、昨年より0・04ポイント下降しています。

今年度の応募者数（中間）は、2003年度以降で初めて6万人を超えた昨年に次ぐ値で、応募（中間）倍率も2001年度以降では2番目に高い値です。

校種別での倍率は、男子校3・04倍（昨年2・81倍）、女子校1・21倍（同1・24倍）、共学校3・53倍（同3・61倍）となっています【表2】参照）。

今回の中間集計で対象となったのは全日制の181校で、昨年より2校減っています。この中間集計締切以降から願書受付が始まる学校が12校あり、応募人員は最終締切までに少し増えることになります。

男子校最難関は早大高等学院 朋優学院はじつに46倍に

では、3つの表を見ながら話を進めます。

なお、前述の通り、この表の集計翌日の1月30日以降募集を始める学校が12校12学科あり、その募集人員の合計は530人です。

【表1】のうち、募集人員の項には、この人員を含んでいますが、必然的に応募人員には含まれていません。

【表1】の最下欄に、参考までに昨年までの最終倍率を示しておきました。2014年度入試の最終倍率は中間倍率よりもあがり、昨年度並みになりそうです。

【表2】は、学科別、また校種別に応募倍率（中間）を示してみました。普通科、専門学科ともに昨年度より倍率が下がっていますが、校種別では男子校が難化しています。

【表3】は、高倍率10校を校種別に表にしたものです。

共学校、女子校の倍率は昨年度よりも高くなり、男子校では、少し易化している様子です。

【表1】募集人員、応募人員及び中間倍率等の推移

	09年度	10年度	11年度	12年度	13年度	14年度
募集校数	191校	190校	186校	183校	183校	181校
募集人員	21,153人	20,745人	20,561人	20,256人	20,370人	20,300人
応募人員	43,597人	55,307人	52,788人	51,600人	60,806人	59,956人
中間倍率	2.06倍	2.67倍	2.57倍	2.55倍	2.99倍	2.95倍
調査日	1月28日	1月28日	1月28日	1月27日	1月29日	1月29日
最終倍率	3.49倍	3.77倍	3.58倍	3.70倍	3.86倍	—

(注)中間倍率とは、『応募人員(中間)÷募集人員』

【表2】男女校別、普通科・専門学科別中間倍率（単位：人）

		普通科			専門学科			計		
		募集人員	応募人員（中間）	中間倍率	募集人員	応募人員（中間）	中間倍率	募集人員	応募人員（中間）	中間倍率
男子校	14年度	2,071	6,365	3.07倍	50	79	1.58倍	2,121	6,444	3.04倍
	13年度	2,250	6,606	2.94倍	253	438	1.73倍	2,503	7,044	2.81倍
	増減	−179	−241	0.13	−203	−359	−0.15	−382	−600	0.23
	増減率	−7.96%	−3.65%		−80.24%	−81.96%		−15.26%	−8.52%	
女子校	14年度	4,145	5,119	1.23倍	447	425	0.95倍	4,592	5,544	1.21倍
	13年度	4,100	5,087	1.24倍	447	554	1.24倍	4,547	5,641	1.24倍
	増減	45	32	−0.01	0	−129	−0.29	45	−97	−0.03
	増減率	1.10%	0.63%		0.00%	−23.29%		0.99%	−1.72%	
共学校	14年度	12,419	45,353	3.65倍	1,168	2,615	2.24倍	13,587	47,968	3.53倍
	13年度	12,188	45,184	3.71倍	1,132	2,937	2.59倍	13,320	48,121	3.61倍
	増減	231	169	−0.06	36	−322	−0.35	267	−153	−0.08
	増減率	1.90%	0.37%		3.18%	−10.96%		2.00%	−0.32%	
計	14年度	18,635	56,837	3.05倍	1,665	3,119	1.87倍	20,300	59,956	2.95倍
	13年度	18,538	56,877	3.07倍	1,832	3,929	2.14倍	20,370	60,806	2.99倍
	増減	97	−40	−0.02	−167	−810	−0.27	−70	−850	−0.04
	増減率	0.52%	−0.07%		−9.12%	−20.62%		−0.34%	−1.40%	

【表3】中間倍率の高い学校（学科・コース等募集区分別）上位10校

	男子校		女子校		共学校	
	学校名	中間倍率	学校名	中間倍率	学校名	中間倍率
1	早大高等学院(普)	6.57	豊島岡女子学園(普)	9.98	朋優学院(普)国公立	46.00
2	桐朋(普)	6.26	慶應女子(普)	5.76	桜丘(普)併願2(特待生)	32.85
3	開成(普)	6.16	村田女子(商)Standard	4.00	安田学園(普)S特	23.25
4	城北(普)2回	5.67	村田女子(普)Standard	3.43	早稲田実業(普)男子	14.45
5	明大中野(普)	5.28	富士見丘(普)英語特選2	3.40	昭和第一学園(普)特進	14.00
6	自由ヶ丘学園(普)総合	4.47	潤徳女子(普)美術デザイン1	3.31	東京成徳大学(普)特進2	13.60
7	城北(普)1回	4.27	東洋女子(普)特進	3.13	東洋(普)特進選抜	11.86
8	学習院高等科(普)	4.20	潤徳女子(商)第1回	2.85	駒場学園(普)1回	11.55
9	自由ヶ丘学園(普)総合進学	3.58	文京学院大女子(普)文理	2.71	岩倉(普)総進コース	10.76
10	保善(普)B	3.05	日本橋女学館(普)芸術進学	2.50	昭和第一学園(普)総合進学	10.23

特進コースや特待の魅力が応募者増に好影響

男子校では上位の顔ぶれが昨年と似ています。昨年の2、3位の**桐朋**と**開成**は変わらず、1位には**安田学園**の「S特」に変わって昨年2位の**早大高等学院**が最難関となりました。また、この3年、応募者を増やしていた**城北**2回が4位です。**学習院**が4・2倍で、人気が戻っていることを実感させる数字となっています。

女子校最難関は変わらず**豊島岡女子学園**。女子校難関10校の顔ぶれも昨年度と同じです。

共学校では**朋優学院**国公立コースが募集人員が少ないこともあって、今年度も高倍率です。今年は昨年より難度を増して、じつに46倍です。国公立・難関大学合格者を順調に伸ばしているこのコースの人気は衰えません。

特進コースをスタートさせてからの3年間倍率ベストテンに顔を出している立川市の**昭和第一学園**など、各校で成績上位者向けのコースの人気も続いています。

公立高校入試の近年の改革と今後の変化

安田教育研究所 代表　安田 理

このところ、各都県で、高校入試の改革が進んでいます。最近どんな点が変わったのか、今後どこが変わるのか、その背景はなんなのか、またこれからどんな力が求められるのか、この号ではそうしたことを見ていきましょう。

学区の撤廃・緩和が進む

近年の規制緩和の流れは高校教育にもおよんでいます。公立高校の普通科にはどの都道府県でも通学区域の指定がありましたが、学校選択の自由化ということで、2003年以降急速に撤廃ないし緩和（学区の数を減らすことで選択できる学校数を増やす）され出しています。以下の22都府県は、すでに撤廃されている都府県です。

青森県　秋田県　宮城県　茨城県
群馬県　埼玉県　東京都　神奈川県
新潟県　石川県　福井県　山梨県
静岡県　滋賀県　大阪府　奈良県
和歌山県　鳥取県　広島県　高知県
大分県　宮崎県

この間、**北海道**は2005年に55学区を25学区に統合し、2009年にはさらに19学区にしています。また**岩手県**では学区数をほぼ半数に、**長野県**は3分の1にしています。

近年中に動きがあるのが、

・**兵庫県**　2015年度から現行の16学区から5学区になる予定
・**山口県**　2015年度以降学区を撤廃

などです。

首都圏の動きは上の**表1**のようになっています。

【表1】首都圏の学区撤廃の流れ

首都圏	学区撤廃の年度
東京都	2003年
神奈川県	2005年
千葉県	2001年12学区から９学区に
埼玉県	2004年

学区が撤廃され、住んでいる都県内ならどの高校も受検できるようになると、交通の便のよい学校、優れた大学合格実績を残している学校に人気が集まるようになってきます。そうすると、どの都県でもトップ校ほど倍率も高く、入試も厳しくなってきています。

そうしたことから、トップ校と2番手校の開きが拡大するようになったほか、4番手校、5番手校になるとそもそもお手本になるような生徒がいないので、学校行事も先生が段取りしなければ運営できないようなケースも生まれています。

減少する推薦入試

公立高校の入試と言うと、受検機会の複数化のために、多くの都道府県で「推薦入試」と「一般入試」という2つの形式の入試が行われてい

ました。しかし、ここへきて、この大原則は崩れてきています。

〈推薦入試の基礎知識〉

○推薦入試という名称の入試を行っている都道府県は22都道県
○中学校長の推薦がいらない入試が広がる（推薦がいらないのだから、名称も「前期選抜」、「前期募集」、「特色化選抜」など、県によって違いがある）。
○これまでは調査書の成績（中学校での平常点）と面接・作文で選考していたものが、この2つに加えて「適性検査」も課す県が出てきた。
○調査書の評価が「相対評価」から「絶対評価」に変わったことで、中学校でつけられる評定の差が拡大している。唯一「相対評価」を続けてきた**大阪府**も、早ければ2016年度から「絶対評価」に変更予定。

「絶対評価」が取り入れられてから、中学校でつけられる成績が全体的に甘くなっていることもあって、高校側に調査書への不信感が生まれています。

そのため、推薦入試の大原則であった「中学校長の推薦」「調査書の成績による選抜」が崩れてきて、「面接」、「集団討論」、「自己表現」、「作文」、「小論文」、「適性検査」、「学校独自問題による検査」など、各学校が、それぞれに多様な方法で選抜を行うようになってきています。

首都圏の各都県の「推薦入試」について見てみると、中学校長の推薦が必要な推薦入試が残っているのは**東京都**だけです。中学校長の推薦が不要ですから、**神奈川県**は「前期選抜」、**千葉県**は「特色化選抜」、**埼玉県**は「前期募集」という形で、名称も変わり、後述するように、**神奈川県**は2013年度に、**埼玉県**は2012年度に一本化されました。

入試自体を1回にする県も

推薦入試はそもそも、学力検査では測れない多様な学力の生徒を入学させる目的で始まりました。

それが、推薦入試でも一般入試でも実際に合格する生徒は結局変わらないということが問題になったのです。それでは推薦入試を行う意味がありません。

こうした推薦入試の形骸化を受けて、入試自体を1回にする県も出てきています。

茨城県、**埼玉県**、**神奈川県**、**岐阜県**、**静岡県**、**和歌山県**ではすでに一本化されました。

一本化の変化の背景には、中学3年生の3学期の授業をきちんと成立させて、全員に学力検査を課すことで、しっかり勉強させる方向に変えていこうという考えがあるのです。

一本化によって、入試の形がどう変わったのか、**神奈川県**を例として、少し詳しく見ていきましょう（**表2**）。

2013年度から入試を一本化した神奈川

神奈川県のおもな変更点は3つあります。

3つ目にある「特色検査」のなかの「自己表現検査」というのは、与えられた課題について、制限時間内に自分の考えをまとめて表現するものです。小論文形式やスピーチ、グループ討論などがあります。

公立高校入試はこのところ学力重視になっていると言われますが、まだ調査書点が4割以上を占める学校が大半です。

驚くのは全員に面接を実施、しかも1000点満点中最低でも200点という比重です。

次に**東京都**の変化について見ていきます。

東京都で実施される「集団討論」「個人面接」

東京都でも、これまで実施してい

【表2】神奈川県の入試変更点

1 選抜機会の1本化
・2012年度までは前期選抜と後期選抜の2回あったものが1回に。
・学力検査日は後期選抜の時期に近い2月中旬から。

2 学力検査の共通化〜消える学校独自問題
・学力向上進学重点校を中心に11校で導入されていた学校独自問題はなくなり、全校共通問題に。
・各科50点満点が各科100点満点に。

3 調査書+学力検査+面接と特色検査で選抜へ
・調査書・学力検査・面接の項目を100点満点に換算したあと、項目ごとに各校が2倍から6倍し合計点1000点満点で合計数値を算出する。項目の倍率は各校で異なる。
・高校によっては学科などの特色に応じた「特色検査」を実施。特色検査の結果も100点満点に換算後、他の項目と同様に数倍した数値を加える。検査内容は「実技」か「自己表現」。
・面接も点数化。出願時には「面接シート」を提出。

た「面接」（個人面接もしくは集団面接）を「集団討論」と「面接」に変更し、両方を行うようになりました。また、学校によって行っていた「小論文・作文」「実技検査」は、「その他学校が設定する検査」を加えた3つのなかから、学校ごとに1つ以上を選んで実施することになりました。

神奈川県の全員面接実施にせよ、**東京都**の「集団討論」と「面接」の両方実施にせよ、従来からすると驚くような変化です。

では、なぜいま、こうした動きが出てきているのでしょうか。

それは、2012年から中学校で完全実施されている新しい学習指導要領の内容にあります。新しい学習指導要領で重視されているコミュニケーション能力や協調性、「思考力・判断力・表現力」を評価するためにこうしたものを実施するのです。

2016年度入試からは一般入試も変更

東京都教育委員会は2014年1月23日、都立一般入試の改善についてまとめた「東京都立高等学校入学者選抜検討委員会報告書」を発表しました。

それによると、新しい入試制度には、学力点と内申点の割合を、全日制一次では一律7対3とするなど大幅な変更が含まれています。予定では、現在の中学1年生が受検する2016年度選抜から実施することになっています。

「複雑化し、受検者、保護者、中学校にとってわかりにくい」現行の制度から、「共通化・簡素化を図り受検者にとってわかりやすい制度」へ改善するために、推薦選抜を含めて選抜の狙いを明確に掲げています（**図1**）。

おもな変更点を整理してみましょう。

①学力検査の科目数を、全日制一次（分割前期）では全校で5教科、二次（分割後期）では3教科とする。

②学力対内申の比率を前者で7対3、後者で6対4に統一。

③これまで1・3倍（ないし1・2倍）していた実技4教科の評定を、一律2倍とする（換算内申の最高点は51点から65点に）。

④特別選考は全校で廃止する。

⑤傾斜配点は、（コース制の英語な

【図1】東京都の入学者選抜の狙い

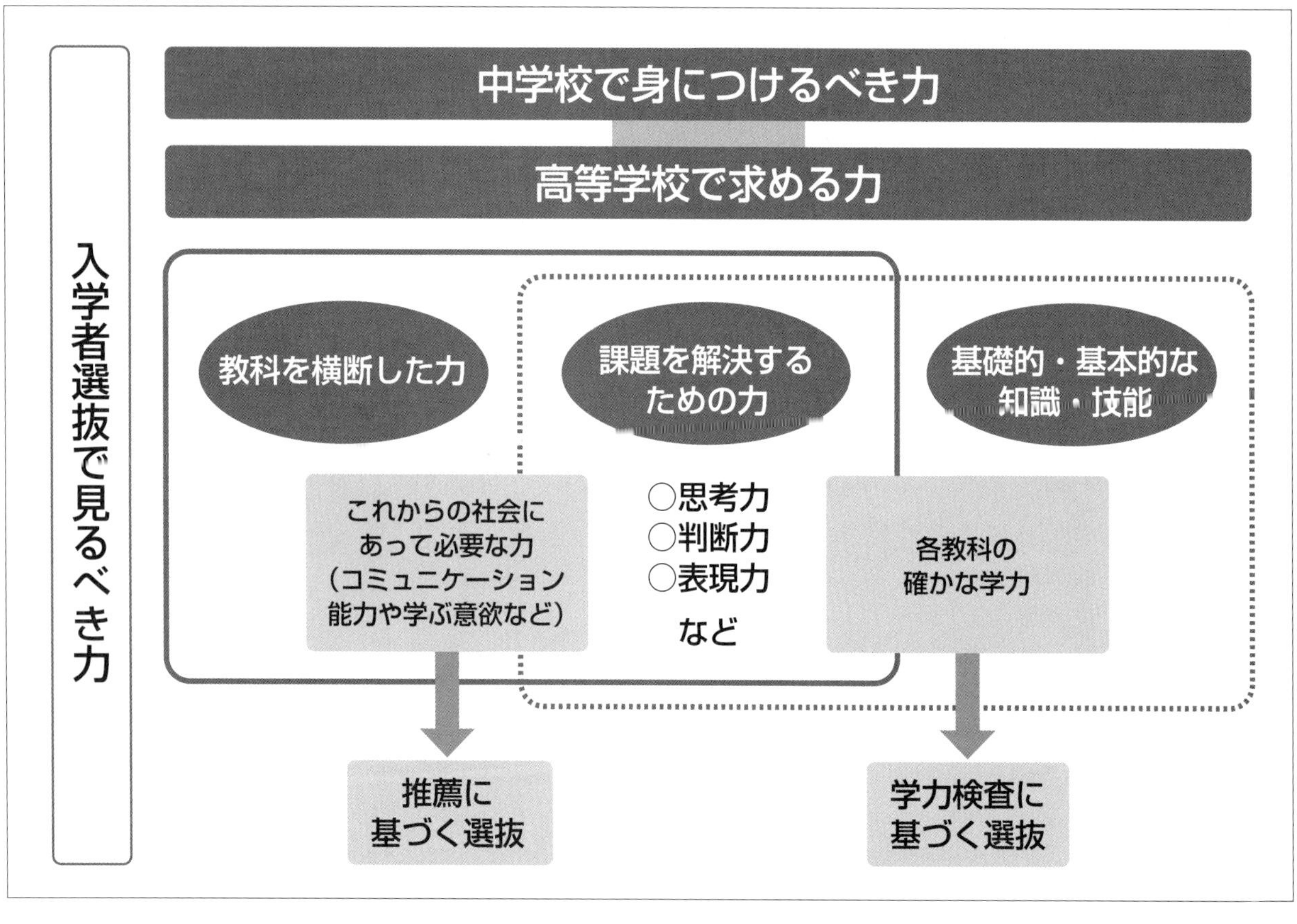

入学者選抜で見るべき力
中学校で身につけるべき力
高等学校で求める力
教科を横断した力
課題を解決するための力
基礎的・基本的な知識・技能
これからの社会にあって必要な力（コミュニケーション能力や学ぶ意欲など）
○思考力
○判断力
○表現力
など
各教科の確かな学力
推薦に基づく選抜
学力検査に基づく選抜

ど）特別な教育課程を実施している学校について例外的に実施するほかは廃止する。

⑥分割募集は継続する。

一方、47都道府県で**東京都**だけが続けている普通科の男女別定員制については、さまざまな意見があり、継続して検討することになりました。

以上のように、首都圏の公立高校入試は全国的に見ても近年大きく変化していますし、これからも**東京都**の一般入試のように大きな変更が予定されています。

保護者の方も、ご自分の都県の入試情報には関心を持って、十分注意しておかれる必要があるでしょう。

【図 2】東京都の一般入試変更点

※白抜きは共通化		学力検査を実施する教科					学力検査・調査書	その他の検査		
第一次募集・分割前期募集	全日制	**国語**	**数学**	**英語**	**社会**	**理科**	**7：3**	面接	作文（小論文）	実技
	定時制	国語	数学	英語	社会	理科	7：3 / 6：4	**面接**	作文（小論文）	実技
第二次募集・分割後期募集	全日制	**国語**	**数学**	**英語**			**6：4**	面接	作文（小論文）	実技
	定時制	国語	数学	英語			6：4 / 5：5	**面接**	作文（小論文）	実技

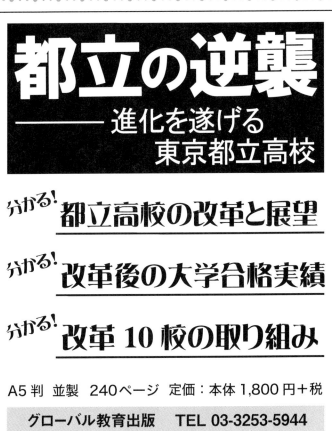

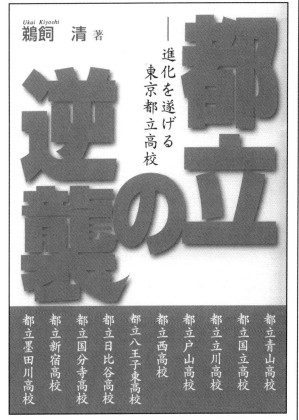

知っておきたい高校入試用語辞典【上】

このページは、高校入試に挑もうとする受験生とその保護者が知っておいて得する「高校入試の基礎知識」のコーナーです。そのスタートにあたって、今回と次回は高校入試用語辞典をお届けします。聞いたことはあるけれど、意味がちょっとわからないという言葉が出てきたらこのページを開いてみてください。

一般入試

学力（筆記）試験の結果を優先して合否を決める入学試験のこと。原則的に各高校で実施する科目試験の総合点で合否が決まる。別に面接を課す学校もあるが、柱は学力試験。これに対する入試として「推薦入試」がある。

ＳＳＨ

ＳＳＨ（スーパーサイエンスハイスクール）は、文部科学省が特定分野のうち、理数の先進研究事例として指定する高校。学習指導要領を越えた教育課程を編成できる。ＳＳＨは科学技術・理科、数学教育が重点（指定期間5年）。

現行２０１３年度の指定校（２０１７年度まで）は、全国で43校。

ＳＧＨ

文部科学省が、グローバル人材の養成を狙って、２０１４年度から始める事業。ＳＧＨ（スーパーグローバルハイスクール）に指定されるのは50校を予定。グローバルなリーダー養成も兼ね、国際化に注力している大学や国際機関と提携している高校が選ばれる。

延納・延納手続き金

私立高校では、公立高校第1志望の受験生のために、公立高校の合格発表日まで入学手続きを延期できる制度を持つ学校がある。この制度を「延納」という。このとき、入学金の一部を延納手続き時に納める制度を持つ高校があり、これを「延納手続き金」と呼ぶ。入学すれば、入学金に充当されるが、入学辞退の際には原則として返金されない。

オープンスクール

学校を見学できる機会。施設の見学だけでなく、クラブ活動や授業の実際を体験できるので、学校の雰囲気を自分の目で確かめることができる。学校説明会と同時に開催するケースも多い。

過去問題（過去入試問題）

その学校が過去に実施した入試問題。各校それぞれに出題傾向や配点傾向があるので、過去問題の研究は欠かせない。第1志望校については5年ぶんはさかのぼって解いてみた

い。学校で頒布・配付している場合もあるし、書店でも手に入る。解いたあと、その年度の合格最低点や設問ごとの得点分布などを参考にする。試験での時間配分も身につく。

学区

公立高校は、設置者が地方公共団体なので、その都県の住民であることが入学資格となる。また、その都県をいくつかの地域に分け、当該の学校に通学できる地域を分けることがあり、それを学区と呼ぶ。東京都立高校・神奈川県立高校・埼玉県立高校は学区がなく、全都でどこの都立高校にでも通うことができるが、千葉県立高校は学区を設けている。

私立高校の場合は基本的に学区を設けないが、通学時間に配慮して、通学地域を指定している学校がある。

学校説明会

その学校の教育理念や教育方針、授業の実際やカリキュラム、系列大学への進学、大学入試に関する取り組み、大学進学実績、入試日や入試方式などについて、各高校が受験生とその保護者を対象に行う説明会のこと。施設や校内の見学もでき、学校へのアクセス方法なども含めて入試に関する下見をすることができる。

キャリアガイダンス

社会的に自立するための進路指導のこと。最近の高等学校教育での進路指導は、たんなる進学指導にとどまらず、生徒1人ひとりが自己を深く知り、未来像を描き、自己実現をめざすという、広い意味での進路学習となっている。このため、卒業生による講演や職場体験など幅広く企画が組まれる。進路への強い関心が進学へのモチベーションとなることが狙い。

合格最低点

その学校の入試結果で、合格者のなかで最も低かった得点。各高校の過去の合格最低点を調べると、最低何点取れば合格できるかの参考となる。ただし、問題の難易度や競争率など、さまざまな要素により毎年変動するので、過去問を演習するときには、過去問に該当する、その年度の合格最低点を参考にすること。

国立高校

国立高校は教員養成系の学部を持つ国立大学に附属する場合がほとんど。しかし、国立高校の生徒はその系列の大学へ進学する際に有利な要素は与えられず、外部からの受験生と同じ条件で受験する。

先取り学習

学習指導要領で決まっている学年の単元よりも先に進んで学習すること。中高一貫校に高校から入った場合、このために授業進度が合わず、内進生と高入生が別クラスで学習するケースが多くなっている。

サンデーショック

日曜礼拝を奨励するプロテスタント校が、例年は決まっている入試日が日曜日にあたった年には、入試日を前後の日にずらす。そのことによって、併願校の選び方などに例年とは違う動きが生じること。近年、このことをプラス思考でとらえて「サンデーチャンス」と呼ぶ例もある。

自己推薦

推薦を中学校長の推薦に限定せず、受験生本人、もしくは保護者に推薦権を与える方式。高校の推薦基準に足りない生徒に受験機会を与える主旨から実施する私立高校が多い。首都圏でも自己推薦を認める私立高校は多く、AO入試と呼ぶ学校もある。AO入試とは、アドミッション・オフィス入試の略。

自己PRカード

都立高校の推薦入試では志願者全員が自己PRカードを提出する。「志望理由」「中学校生活のなかで得たこと」「高校卒業後の進路について」を受験生本人が記入する。

自己PRカードは、点数化されて選抜に影響することはないが、面接の際の資料となる。一般入試で面接が実施される学校では出願時に提出が必要。

面接が実施されない学校でも合格決定後に提出する。

神奈川公立高校の受検者が出願時に提出する「面接シート」も同じような内容で、2012年度までは「自己PR書」と呼ばれていた。

週5日制・週6日制

土曜日・日曜日には登校しないのが週5日制。1996年の中央教育審議会答申で、子どもたちに「ゆとり」を確保するために提言され、文部科学省は学習指導要領の改訂に合わせ、2002年度から完全学校週5日制を実施、公立高校は例外を除いて週

5日制になったが、2012年度から学習指導要領が見直され、多くの高校1、2年生は週6日制に戻った。

首都圏の私立高校は学力維持の面から多くが週6日制をとっている。土曜日に授業は行わないが行事や補習を行う「授業5日制・学校6日制」という学校もある。

習熟度別授業

生徒を、その教科の習熟度に応じて、複数の学級から、いくつかのクラスに編成し直したり、1つの学級内で別々のコースで学習するなどして、学習の効率をあげようとする授業法。英語や数学など学力差がつきやすい教科で行われる。

私立・公立高校とも「学力別」や「能力別」という表現はされず、「習熟度別」と呼ばれる。クラス名をあえて優劣がわからないように名づける配慮をしている学校がほとんど。クラスサイズは少人数制で行われる。

さらに、習熟度が高い生徒を少人数で別にして行う授業は「取り出し授業」と呼ばれる。

受験料

入学検定料や入学考査料とも呼ばれ、受験するために納める手数料のこと。国立高校1万円弱、公立高校2万円強。

私立高校は各校さまざまだが、1回2万円~2万5000円。同じ学校を複数回受験する場合は減額されたり、免除される学校もある。

書類選考型入試

その名の通り面接や学力試験を課さず、調査書や模擬試験の結果などの出願書類のみで選考する入試のこと。神奈川県の私立高校から始まり、受験生の負担が少ないことから歓迎され、徐々に広がりを見せている。

シラバス Syllabus

それぞれの学校で、具体的に「いつ、なにを、どのように」学習を進めるかを明記した冊子。語源はギリシャ語。「授業計画・進行計画書」。生徒側は年間の授業予定のうち、いま、なんのためにどこを学んでいるのかがわかりやすい。日本では大学が導入し、中学・高校に広がった。

進学指導重点校

「進学指導重点校」とは、東京都立、千葉県立、埼玉県立高校のなかで国公立大学・難関大学への進学実績の向上をめざすために指定された高校のこと。進学を重視した教育課程や習熟度別授業など進学指導が充実している。神奈川県では「学力向上進学重点校」と呼ばれている。

推薦入試

その学校から示された推薦の条件（推薦基準）を満たしたうえで、在学している中学校長の推薦を受けて受験する。推薦入試を受験できる基準は各校により異なる。学力試験は課さず、調査書や面接などで総合的に判断して合否を決める場合が多い。私立高校のなかには、中学校長の推薦を必要としない推薦入試や自己推薦を認めている学校もある。対する入試として「一般入試」がある。公立高校は、近年、学力検査重視へと移行しており、推薦入試を廃止するところが多くなっている。

スライド合格

1つの学校には色々な「科」や「コース」があることが多いが、難度の高い、例えば「特進コース」を受験して不合格でも、同じ学校の1ランク難度が緩い、例えば「進学コース」に合格の資格が与えられること。

前期選抜・後期選抜

推薦入試を自己推薦型に切り替えた公立高校は、全員参加型に近い入試となり、受験機会は実質的に2回ある。

このタイプの府県では、従来の推薦入試である自己推薦型の入試を前期選抜、従来の一般入試を後期選抜と呼び、実質的に前期・後期制方式をとるようになった。近年、前期選抜でも学力検査を実施する府県が増えてきたが、さらに進んで前期・後期制を廃止し学力検査に一本化するところも多くなってきた。

専門学科高校

専門学科高校は、専門学科を持つ高校で、以前は農業・水産・工業・商業・家庭（被服・食物）・厚生・商船など、職業にそのまま結びつくような学科が多かったが、近年では、音楽・美術・体育などの芸術やスポーツに関する学科や、国際科・英語科などの外国語に関する学科もある。また、理数科のように、主要教科を、普通科よりもさらに重点的に学ぶ学科もあり、進学型の学科、学校として人気が高い。専門学科高校のなかには複数の学科やコースを持つ学校があり入試も別。

総合学科高校

総合学科高校は、普通科、専門学科に次ぐ第3の学科高校として注目を集め、増加傾向にある。

1年次には共通必修科目を学んで、生徒個々の進路や興味、関心を明確にさせ、2年次以降は、生徒個々がさまざまな部門の学習系列を選択し、その系列に沿って、具体的な科目を選択する。

単位制高校

学年で取得する単位が決まっておらず、生徒個々が3年間で必要な単位を取得していく。必修科目、選択科目のなかから、学年の枠を越えて必要な科目、興味や関心のある科目を選ぶことができるが、時間割を自ら作るため、安易に走ると学習習慣が身につかない。

チームティーチング

1クラスの授業を2人以上の教員がチームを組んで教えること。英語の授業でネイティブの先生と日本人の先生が組んだり、理科の時間に講義担当と実験担当の先生が組む例が多い。

中高一貫校

中高を合わせた6年間、一貫した教育方針で、人間性と学力を養おうという教育目的がある。

中高一貫校を、これまでの中学校、高等学校に加えることで、生徒1人ひとりの個性をより重視した教育を実現することをめざして、1999年4月、学校教育法等が改正され、制度化された。中高一貫校では、高校入試を実施して高校からの生徒を受け入れる学校は少ない。公立でも中高一貫校が増えてきたため、その都県の公立高校募集定員が減ってしまう現象もともなっている。

調査書（内申書）

受験生の中学校の学業成績や生活・活動などが記載されている、中学校の担任の先生が作成する書類。公立高校の一般入試では点数化され、合否判定の基準となる。

私立高校などでは、「調査書は受験時に参考にする程度」「ボーダーラインのときには評価の対象とする」「点数化して評価の対象にする」「通知表のコピーでも可」「不要」など学校によって異なる。

特待生制度

特待生制度とは、入学試験や日常の成績が優秀な生徒に対して、学費の一部や全額を免除する制度。

基本的に、成績優秀者の学校生活が、経済的な理由で損なわれないようにすることが目的。学費の免除という形をとる場合が多く、返済の義務は課されないことがほとんど。

私立高校では、入試得点で特待生を選ぶことも多いが、この制度を設けていることを募集対策の一環とする学校もある。

特別選考

特別選考を実施する都立高校では、一般入試の定員の2割または1割を各校の「特別選考における選考資料」に基づいて選考する。

選考資料の内容は「調査書と得点」、「得点のみ」などさまざまだが、近年では「得点のみ」として学力重視で選考する学校が多くなっている。

2学期制・3学期制

保護者の高校時代の学期制が3学期制。

それに対し、学年期を2期に分け、9月までを1学期、10月からを2学期（前期・後期と呼ぶ学校もある）とするのが2学期制。始業式、終業式や定期試験の日数が減り、授業時間が確保できる。理解の確認は小テストを多くして対応する。

入試相談・個別相談

12月上旬に中学校の先生が私立高校へ出向き、高校の募集担当者と、受験生の合格可能性を相談する制度が「入試相談」。生徒の氏名・内申・偏差値を提出し、単願、併願の出願について具体的に相談する。多くの場合、私立高校から中学校に基準が提示され、基準に合う生徒はほぼ内定となり、これを「単願確約」「併願確約」という名称で呼ぶ。

首都圏では、埼玉県の私立高校はこの制度を実施できないので、中学校の先生を介さず、生徒、保護者が直接、私立高校と相談する「個別相談」が行われている。

パーソナルプレゼンテーション

発表を通して自己の個性、能力、意欲などを表現する。面接の一部で行い、与えられた課題による自己PRや、作品を通じた自己表現など内容は各校による。

2月号の答えと解説

問題

漢字クイズの迷路

スタート地点から、漢字クイズの正解を選びながら迷路を進んでください。このとき、クイズの正解がAならば下に、Bならば右に、Cならば上に、Dならば左に進んでください。最後にたどりつく出口は、**あ〜し**のどこになるでしょうか。

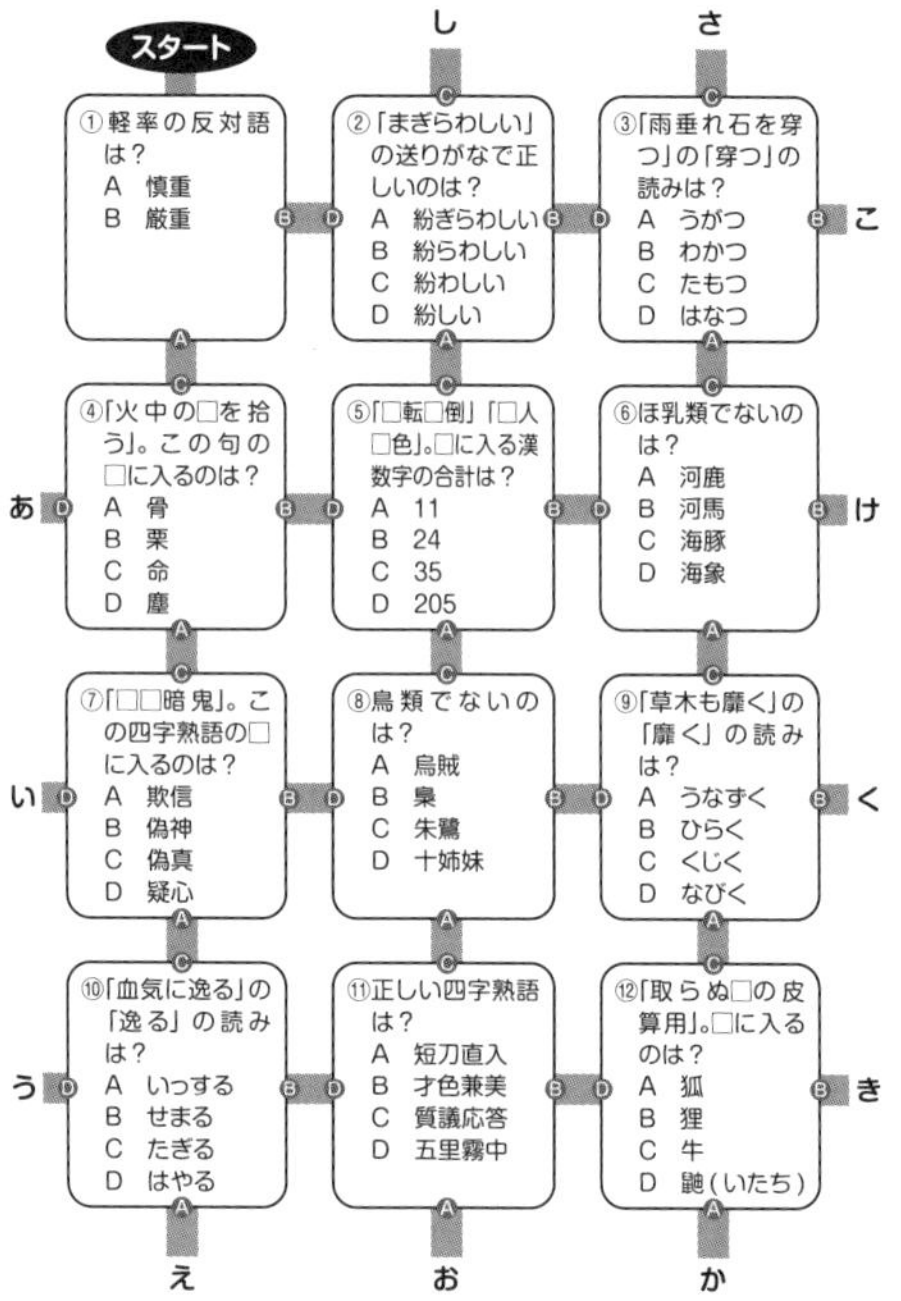

スタート
し
さ
①軽率の反対語は？
A 慎重
B 厳重
②「まぎらわしい」の送りがなで正しいのは？
A 紛ぎらわしい
B 紛らわしい
C 紛わしい
D 紛しい
③「雨垂れ石を穿つ」の「穿つ」の読みは？
A うがつ
B わかつ
C たもつ
D はなつ
こ
あ
④「火中の□を拾う」。この句の□に入るのは？
A 骨
B 栗
C 命
D 塵
⑤「□転□倒」「□人□色」。□に入る漢数字の合計は？
A 11
B 24
C 35
D 205
⑥ほ乳類でないのは？
A 河鹿
B 河馬
C 海豚
D 海象
け
い
⑦「□□暗鬼」。この四字熟語の□に入るのは？
A 欺信
B 偽神
C 偽真
D 疑心
⑧鳥類でないのは？
A 烏賊
B 梟
C 朱鷺
D 十姉妹
⑨「草木も靡く」の「靡く」の読みは？
A うなずく
B ひらく
C くじく
D なびく
く
う
⑩「血気に逸る」の「逸る」の読みは？
A いっする
B せまる
C たぎる
D はやる
⑪正しい四字熟語は？
A 短刀直入
B 才色兼美
C 質議応答
D 五里霧中
⑫「取らぬ□の皮算用」。□に入るのは？
A 狐
B 狸
C 牛
D 鼬（いたち）
き
え
お
か

解答　う

解説

①〜⑫のクイズの答えは次の通り。

① A	② B	③ A	④ B
⑤ C	⑥ A	⑦ D	⑧ A
⑨ D	⑩ D	⑪ D	⑫ B

ルールに従って、スタートから進むと右の図のような黒い線のルートになり、最後にたどりつく出口は「う」になります。

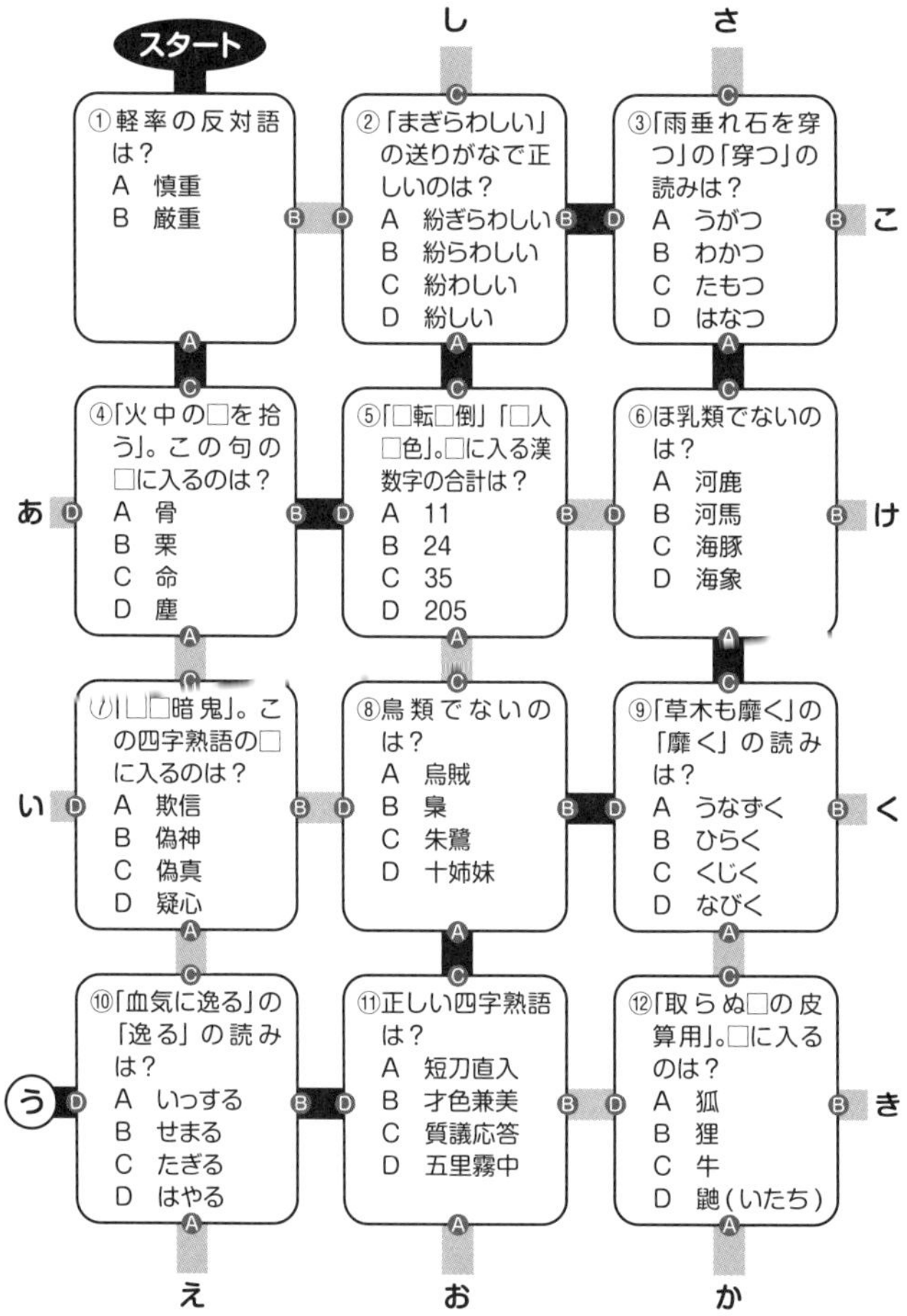

スタート
し
さ
①軽率の反対語は？
A 慎重
B 厳重
②「まぎらわしい」の送りがなで正しいのは？
A 紛ぎらわしい
B 紛らわしい
C 紛わしい
D 紛しい
③「雨垂れ石を穿つ」の「穿つ」の読みは？
A うがつ
B わかつ
C たもつ
D はなつ
こ
あ
④「火中の□を拾う」。この句の□に入るのは？
A 骨
B 栗
C 命
D 塵
⑤「□転□倒」「□人□色」。□に入る漢数字の合計は？
A 11
B 24
C 35
D 205
⑥ほ乳類でないのは？
A 河鹿
B 河馬
C 海豚
D 海象
け
い
□暗鬼」。この四字熟語の□に入るのは？
A 欺信
B 偽神
C 偽真
D 疑心
⑧鳥類でないのは？
A 烏賊
B 梟
C 朱鷺
D 十姉妹
⑨「草木も靡く」の「靡く」の読みは？
A うなずく
B ひらく
C くじく
D なびく
く
う
⑩「血気に逸る」の「逸る」の読みは？
A いっする
B せまる
C たぎる
D はやる
⑪正しい四字熟語は？
A 短刀直入
B 才色兼美
C 質議応答
D 五里霧中
⑫「取らぬ□の皮算用」。□に入るのは？
A 狐
B 狸
C 牛
D 鼬（いたち）
き
え
お
か

＊クイズの解説

⑤熟語は、七転八倒、十人十色。

⑥Aのカジカはカエルの仲間で、両生類。そのほかの読みはBがカバ、Cがイルカ、Dがセイウチ。

⑧それぞれの読みは、Aがイカ、Bがフクロウ、Cがトキ、Dがジュウシマツ。

⑪正しくは、Aが単刀直入、Bが才色兼備、Cが質疑応答。

中学生のための

学習パズル

今月号の問題

論理パズル

A君、B君、C君、D君、E君の5人が100m競争をしました。その順位について、各自に聞いたところ、次のように答えました。

A君「ぼくは4着で、C君は1着だった。」
B君「ぼくは1着で、E君は3着だった。」
C君「ぼくは4着で、B君は2着だった。」
D君「ぼくは3着で、A君は5着だった。」
E君「ぼくは2着で、D君は4着だった。」

この5人の発言が、いずれも半分は本当のことで、半分はウソであったとすると、下のア～オのうち正しいのはどれでしょう。ただし、同順位はありませんでした。

ア　1着はBである。
イ　2着はEである。
ウ　3着はDである。
エ　4着はCである。
オ　5着はAである。

2月号学習パズル当選者

全正解者46名

山野英里香さん（千葉県成田市・中3）
日下部　浩さん（埼玉県さいたま市・中2）
田辺　将季さん（東京都練馬区・中1）

応募方法

●必須記入事項

01　クイズの答え
02　住所
03　氏名（フリガナ）
04　学年
05　年齢
06　右のアンケート解答

◎すべての項目にお答えのうえ、ご応募ください。
◎ハガキ・FAX・e-mailのいずれかでご応募ください。
◎正解者のなかから抽選で3名の方に図書カードをプレゼントいたします。
◎当選者の発表は本誌2014年6月号誌上の予定です。

●下記のアンケートにお答えください。

A今月号でおもしろかった記事とその理由
B今後、特集してほしい企画
C今後、取り上げてほしい高校など
Dその他、本誌をお読みになっての感想

◆2014年4月15日（当日消印有効）

◆あて先

〒101-0047　東京都千代田区内神田2-4-2
グローバル教育出版　サクセス編集室
FAX：03-5939-6014
e-mail:success15@g-ap.com

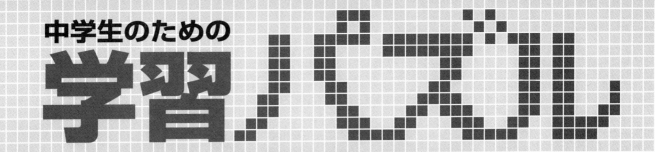

こ挑戦!!

桐蔭学園高等学校

（とういんがくえん）

▌神奈川県横浜市青葉区鉄町1614

▌東急田園都市線「青葉台駅」「市が尾駅」「あざみ野駅」、小田急線「柿生駅」「新百合ヶ丘駅」、横浜市営地下鉄ブルーライン「あざみ野駅」バス

▌045-971-1411

▌http://toin.ac.jp/

問題

右図のように，放物線$y=ax^2$（$a>0$）上に3点A，B，Cがあり，点A，Bのx座標はそれぞれ-4，6で，直線ABの傾きは$\frac{4}{3}$，直線ACの傾きは-1である。このとき，次の□に入る数字を答えなさい。

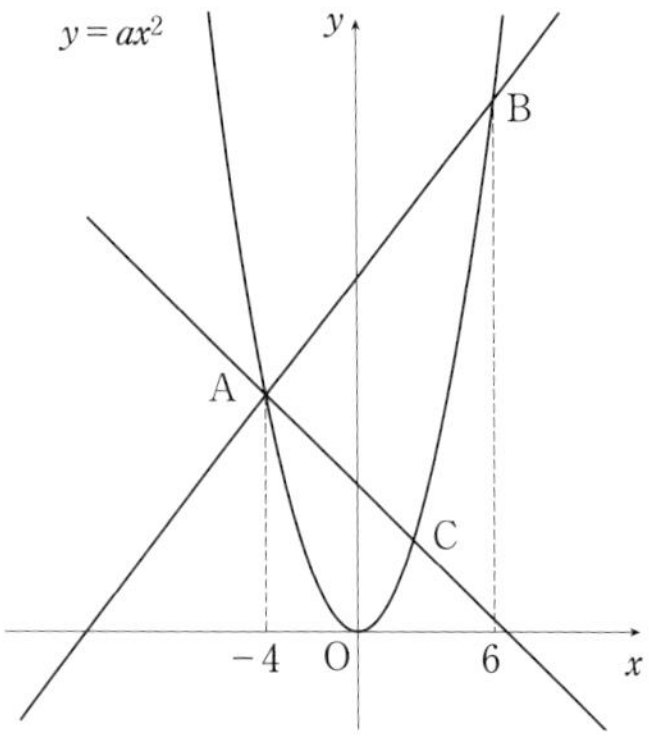

（1）aの値は$\frac{\boxed{ア}}{\boxed{イ}}$である。

（2）点Cの座標は$\left(\frac{\boxed{ウ}}{\boxed{エ}}, \frac{\boxed{オ}\boxed{カ}}{\boxed{キ}}\right)$である。

（3）放物線上の点A，点Bの間に，△ABPの面積が△ABCの面積と等しくなるように点Pをとるとき，点Pの座標は$\left(-\frac{\boxed{ク}}{\boxed{ケ}}, \frac{\boxed{コ}}{\boxed{サ}}\right)$である。

（4）原点Oを通り，直線BCに平行な直線と直線AB，ACの交点をそれぞれQ，Rとするとき，△AQRの面積と四角形QRCBの面積の比は$\boxed{シ}\boxed{ス}\boxed{セ}:\boxed{ソ}\boxed{タ}$である。

解答　ア:2　イ:3　ウ:5　エ:2　オ:2　カ:5　キ:6　ク:1　ケ:2　コ:1　サ:6　シ:1
ス:0　セ:0　ソ:6　タ:9

文化学園大学杉並高等学校

（ぶんかがくえんだいがくすぎなみ）

▌東京都杉並区阿佐谷南3-48-16

▌JR中央線・総武線・地下鉄東西線「阿佐ヶ谷駅」「荻窪駅」、地下鉄丸ノ内線「荻窪駅」徒歩8分

▌03-3392-6636

▌http://www.bunsugi.ed.jp/

問題

下の図のような正方形ABCDの内側に，点Oを中心とする円が接している。また，点P，Qを中心とする円はそれぞれ円Oの内側に接し，互いに点Oで接している。

次の問いに答えなさい。ただし，円周率はπとする。

(1) 正方形ABCDの1辺の長さを$x$cmとするとき，斜線部分の面積をxを用いて表しなさい。

(2) 斜線部分の面積が2πcm^{2}であるとき，ACの長さを求めなさい。

(3) (2) のとき，点Qを通り線分ACに平行な直線と，辺AB，辺BCとの交点をそれぞれE，Fとする。EFの長さを求めなさい。

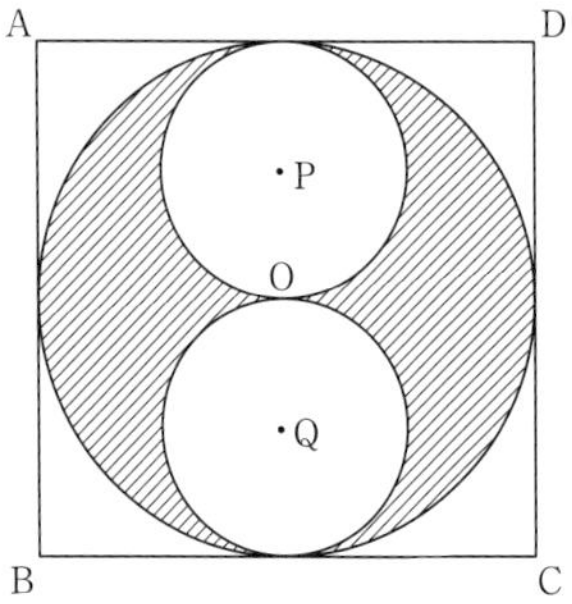

解答　(1) $\frac{\pi}{8}x^2$　(2) $4\sqrt{2}$　(3) $3\sqrt{2}$

私立高校の入試問題

開智未来高等学校

埼玉県加須市麦倉1238
JR宇都宮線・東武日光線「栗橋駅」、JR宇都宮線「古河駅」、東武伊勢崎線「加須駅」「羽生駅」スクールバス
0280-61-2033
http://www.kaichimirai.ed.jp/

問題

7と5の2乗の差は、49－25より24であり、これは4の倍数である。
このように2だけ離れた2つの自然数の2乗の差は4の倍数であることを証明しよう。

【証明】
小さい数をnとすると、大きい数は［　①　］である。

したがって

［　②　］

解答　①$n+2$　②　$(n+2)^2-(n)^2=4(n+1)$　より、$n+1$は整数であるので、2だけ離れた2つの自然数の2乗の差は4の倍数である。

城北高等学校

東京都板橋区東新町2-28-1
東武東上線「上板橋駅」徒歩10分、地下鉄有楽町線・副都心線「小竹向原駅」徒歩20分
03-3956-3157
http://www.johoku.ac.jp/

問題

次の数の列はある規則に従って並んでいる。この数の列について，次の各問いに答えよ。

1，2，3，4，2，3，4，5，3，4，5，6，4，5，6，7，……

(1) 最初から数えて26番目の整数を答えよ。

(2) 15が2回目に出てくるのは，最初から数えて何番目か。

(3) 最初から数えて30番目までの整数の和を求めよ。

解答　(1)　8　(2)　51番目　(3)　171

お便りコーナー

サクセス広場

影響を受けた有名人

ワン・ダイレクションとテイラー・スウィフト!! おかげで英単語が覚えやすくなって、得点も発音もよくなりました!! ほんとに大好きです!!
(中2・Dir.きゃおさん)

速水もこみちさんに憧れて料理を始めました。もこみちさんの料理コーナーも毎日見てます！
(中2・オリーブさん)

作家の**有川浩**さんです。『図書館戦争』という本を読み「小説家になりたい!!」と将来の夢を決めました。
(中1・カゲロウデイズさん)

松岡修造さんみたいな熱い男になりたくて、部活もテニス部に入り、練習を頑張っています。でも、松岡さんレベルの熱血男にはなかなかなれないです…。
(中2・食いしん坊ばんざいさん)

ノーベル賞を受賞した**山中伸弥**さん。すごい発見をした人だけど、それまでにくじけそうなことが何度もあったのを知って、受験や部活もそうなんだろうなと思ったからです。
(中2・iPSさん)

元マラソン選手の**高橋尚子**さんです。この前テレビでシドニーオリンピックの映像を見て、あんな距離をあんなに楽しそうに走れるなんてすごいと思いました。
(中1・ファンサーさん)

お花見の思い出

小学生のころに家族とお花見に行ったとき、強い風が吹いて、**花びらが舞い散って**いるのを見て、キレイだなと思いました。そのときよりキレイな景色を見たことがないです。
(中2・けつめいしさん)

去年、クラスみんなでお花見をしたら、**好きな人の隣に座れた**んです！ もう桜どころではなく、ドキドキしっぱなしでした！
(中3・恋心満開！ さん)

花見といえば、毎年**父親が酔っ払って**、周りの人たちみんなと友だちみたいになるのを見て笑っている思い出しかない（笑）。
(中1・M.Nさん)

通学路に桜並木があるので、毎年お花見しながら通ってます。卒業したらこの桜ともおさらばか〜と思うと寂しいですね。
(中3・さくらんぼさん)

去年は友だちと**自転車でお花見ツアー**を決行しました。桜を見ながら自転車で走るのはすごく気持ちよかったです！
(中2・さいくりんさん)

お気に入りの文房具

シャープペンシルの**クルトガ**！ 芯が回ってとがり続けるから字が太くならないところが好き。
(高1・M.Mさん)

「まとまるくん」ですね。前に一度普通の消しゴムを使ったときのケシカスのバラけっぷりといったらなかった。よく書き間違えるぼくにとっては彼は手放せません。
(中3・I♥まとまるくんさん)

いろんな色の**マーカー**を集めています！ 見た目はキレイなんですが、マーカーを引きすぎて、どれが重要かさっぱりわからなくなっちゃって困っています…。
(中1・レインボーさん)

フリクションペンです。線を引いて、間違ってもこすれば消えるってスグレモノすぎるでしょ！
(中2・試験の点数も消したいさん)

必須記入事項

A／テーマ、その理由 B／住所 C／氏名 D／学年 E／ご意見、ご感想など

ハガキ、FAX、メールを下記までどしどしお寄せください!
住所・氏名は正しく書いてください!!
ペンネームは氏名のうしろに( )で書いてネ!
【例】サク山太郎（サクちゃん）

あて先

〒101-0047 東京都千代田区内神田2-4-2
グローバル教育出版 サクセス編集室
FAX:03-5939-6014
e-mail:success15@g-ap.com

募集中のテーマ

「いま1番知りたいこと」
「地元自慢！」
「ほろっときた話」

応募〆切 2014年4月15日

ここにメールしてね!!

ケータイから上のQRコードを読み取り、メールすることもできます。

掲載されたかたには抽選で図書カードをお届けします!

掲載にあたり一部文章を整理することもございます。個人情報については、図書カードのお届けにのみ使用し、その他の目的では使用いたしません。

Art

特別展 富士山世界文化遺産登録記念 富士と桜と春の花

3月11日（火）～5月11日（日）
山種美術館

横山大観《霊峰不二》1937（昭和12）年 絹本・彩色 山種美術館

日本画で春を満喫！富士山と花々の競演

春爛漫（らんまん）の季節にぴったりの日本画展が山種美術館で開催される。昨年の2013年6月に、富士山が「富士山ー信仰の対象と芸術の源泉」としてユネスコの世界文化遺産に登録されたことを記念した特別展で、富士山をテーマにした作品と、桜やボタンなどの春の花をクローズアップした豪華な内容となっている。富士山と春の花々の競演を堪能して、華やかなひとときを楽しもう。

Event

AnimeJapan 2014

3月22日（土）・23日（日）
東京ビッグサイト

AnimeJapan 2014

アニメのすべてが、ここにある。

世界最大級のアニメの祭典「AnimeJapan 2014」。アニメにかかわるさまざまな企業の出展に加え、新作発表会やトークショー、ライブなどが行われるステージや、グッズ販売、ビジネスセミナーなど盛りだくさんなイベントだ。友だちと行くのはもちろん、アニメの歴史を振り返るアニメ半世紀シアターなどもあるから、お父さんやお母さんといっしょに参加してみるのも楽しそうだね。

Exhibition

大江戸と洛中 ～アジアのなかの都市景観～

3月18日（火）～5月11日（日）
江戸東京博物館

本小札紅糸威胴丸 1領 江戸時代後期 東京都江戸東京博物館蔵

江戸時代の代表的な2つの都市を比較

歴史好きにおすすめなのが、江戸東京博物館の「大江戸と洛中」展。江戸時代の代表的な都市、「江戸」と「京都」を比較するというユニークな企画が注目を集めているよ。美しい屏風絵や地図をはじめとしたさまざまな資料から構成される展示は、2都市の比較だけでなく、アジアにおける都市設計の観点からも迫る充実した内容となっている。歴史のロマンと奥深さに触れてみよう。

サクセス イベントスケジュール 3月～4月

世間で注目のイベントを紹介

イースターエッグ

キリスト教の「復活祭」（イースター、春分の日のあとの最初の満月の次の日曜日）を祝うアイテムとして欠かせないのが、カラフルでかわいいイースターエッグ。本来は鶏卵に色や模様を描いたものだが、最近はチョコレートやゼリーで作られた卵形のお菓子などでも代用されているよ。

Art

コメ展

2月28日（金）～6月15日（日）
21_21 DESIGN SIGHT

「白粒」©Yu Yamanaka

コメから学ぶデザインのヒント

デザインの楽しさに触れることのできる展覧会を発信している21_21 DESIGN SIGHTが今回テーマに選んだものは、コメ。日本人にとって身近なコメに注目し、そこから学ぶべきデザインのヒントを探っていく内容だ。コメ作りにまつわる写真や映像展示、体験型インスタレーションをはじめ、コメ粒に文字を書くことのできるコーナーなどもあるので、楽しみながらコメとデザインについて考えることができる。

Exhibition

特別展 栄西と建仁寺

3月25日（火）～5月18日（日）
東京国立博物館

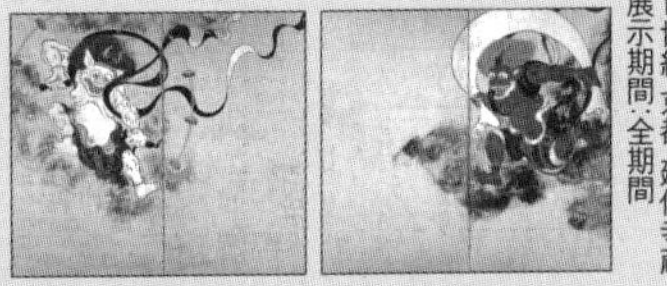

《国宝 風神雷神図屏風》俵屋宗達筆 江戸時代・17世紀 京都・建仁寺蔵 展示期間：全期間

国宝「風神雷神図屏風」など栄西ゆかりの宝物を展示

2014年は、日本に禅宗を広めた栄西の800年遠忌にあたる（遠忌とは、没後長い期間を経て行われる年忌のこと）。これに合わせて、栄西と栄西が開創した京都最古の禅寺「建仁寺」ゆかりの宝物を集めた展覧会が、上野の東京国立博物館で開催される。なかでも、5年ぶりに公開となる国宝の俵屋宗達筆「風神雷神図屏風」は、教科書などでもよく知られた日本絵画の名品なので、ぜひ見ておこう。

Exhibition

生誕105年 太宰治展 ―語りかける言葉―

4月5日（土）～5月25日（日）
神奈川近代文学館

撮影：林忠彦

没後60年以上経てなお輝き続ける太宰の言葉

『津軽』『走れメロス』『斜陽』『人間失格』など、多くの作品を執筆した小説家・太宰治。神奈川近代文学館では、太宰の生誕105年を記念した特別展を開催。太宰の学生時代のノートのほか、近年発見された全集未収録の資料、太宰遺品のマントなど、多彩な資料が展示される。太宰の語りかける言葉と向きあい、現在も多くの読者に支持されている太宰作品の魅力を再確認してみよう。

大学受験も 早稲田アカデミー Success18

中3生 必見!!

難関大受験のスタートは 早稲田アカデミー Success18で

現役生難関大受験専門塾サクセスエイティーン

新高1春期講習会 無料

さあ、4月からは憧れの高校1年生。

期間				
第1ターム	3/1(土)▸3/21(祝)		第3ターム	3/26(水)▸3/29(土)
第2ターム	3/22(土)▸3/25(火)		第4ターム	3/31(月)▸4/3(木)

※第1タームは、校舎によって授業実施日が異なります。

最大24時間の講習会が無料で受講できます

早稲田アカデミーの大学受験部門であるサクセス18では、「私語の無い緊張感のある授業」「少人数制で発問重視の授業スタイル」「復習型の丁寧な講義」など、**早稲アカ伝統のスタイル**で、高校生のみなさんを強力にバックアップします。これから高校生になるみなさんがスムーズに高校生活のスタートを切ることが出来るように、サクセス18では**最大24時間を無料で受講できる春期講習会**をご用意しています。進度の速い高校のカリキュラムをきちんと理解しながら学習を進めていくためにも、早稲田アカデミーサクセス18で一足早いスタートを切りましょう。

～東大・医学部・ハーバードに一番近い新高校1年生のための英語塾～

早稲田アカデミー Success18 TW Booster

「東大・医学部・ハーバードに一番近い英語塾」を掲げる「早稲田アカデミーIBS」。開講わずか2年で「小1で英検準1級合格」、「5歳で2級合格」の実績を出してきました。そのノウハウを凝縮した新コース「TW Booster」がいよいよ2014年春スタートします。コンセプトは「受験英語を超える英語脳の開発」。1年で準1級を目指します。3年後の「東大・ハーバード ダブル合格」も射程に!

IBSコース 2013年度英検合格実績（第一回・第二回の結果です）

- 5歳・小1合格者含む 高校修了レベル 2級10名合格!
- 小1合格者含む 高校中級レベル 準2級21名合格!

春期講習会 受付中

4月新入塾生 受付中

高校生対象

医学部現役合格

医学部受験専門エキスパート講師が生徒が解けるまでつきっきりで指導する! だから最難関の医学部にも現役合格できる!

医学部という同じ目標を持つ仲間と切磋琢磨!

現役合格は狭き門。入試でのライバルは高卒生。

一部の高校を除き、医学部志望者がクラスに多数いることは非常に稀です。同じ目標を持つ生徒が集まる野田クルゼの環境こそが、医学部現役合格への厳しい道のりを乗り越える原動力となります。

また、医学部受験生の約70%は高卒生です。現役合格のためには早期からしっかりとした英語、数学の基礎固めと、理科への対応が欠かせません。

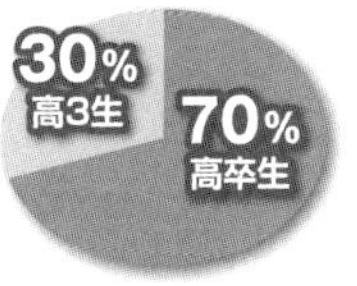

■医学部受験生の割合

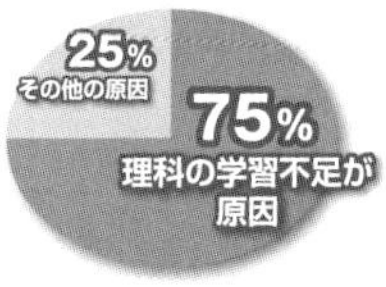

■現役合格を逃した原因

- Point 1 一人ひとりを徹底把握 **目の行き届く少人数指導**
- Point 2 医学部専門の **定着を重視した復習型の授業**
- Point 3 受験のエキスパート **東大系主力講師陣**
- Point 4 いつでも先生が対応してくれる **充実の質問対応と個別指導**
- Point 5 推薦・AO入試も完全対応 **経験に基づく万全の進路指導**
- Point 6 医学部の最新情報が全て集結 **蓄積している入試データが桁違い**

“個別指導”だからできること ×“早稲アカ”だからできること

- 難関校にも対応できる
- 弱点を集中的に学習できる
- 最終授業が20時から受けられる
- 早稲アカのカリキュラムで学習できる

広がる早稲田アカデミー個別指導ネットワーク

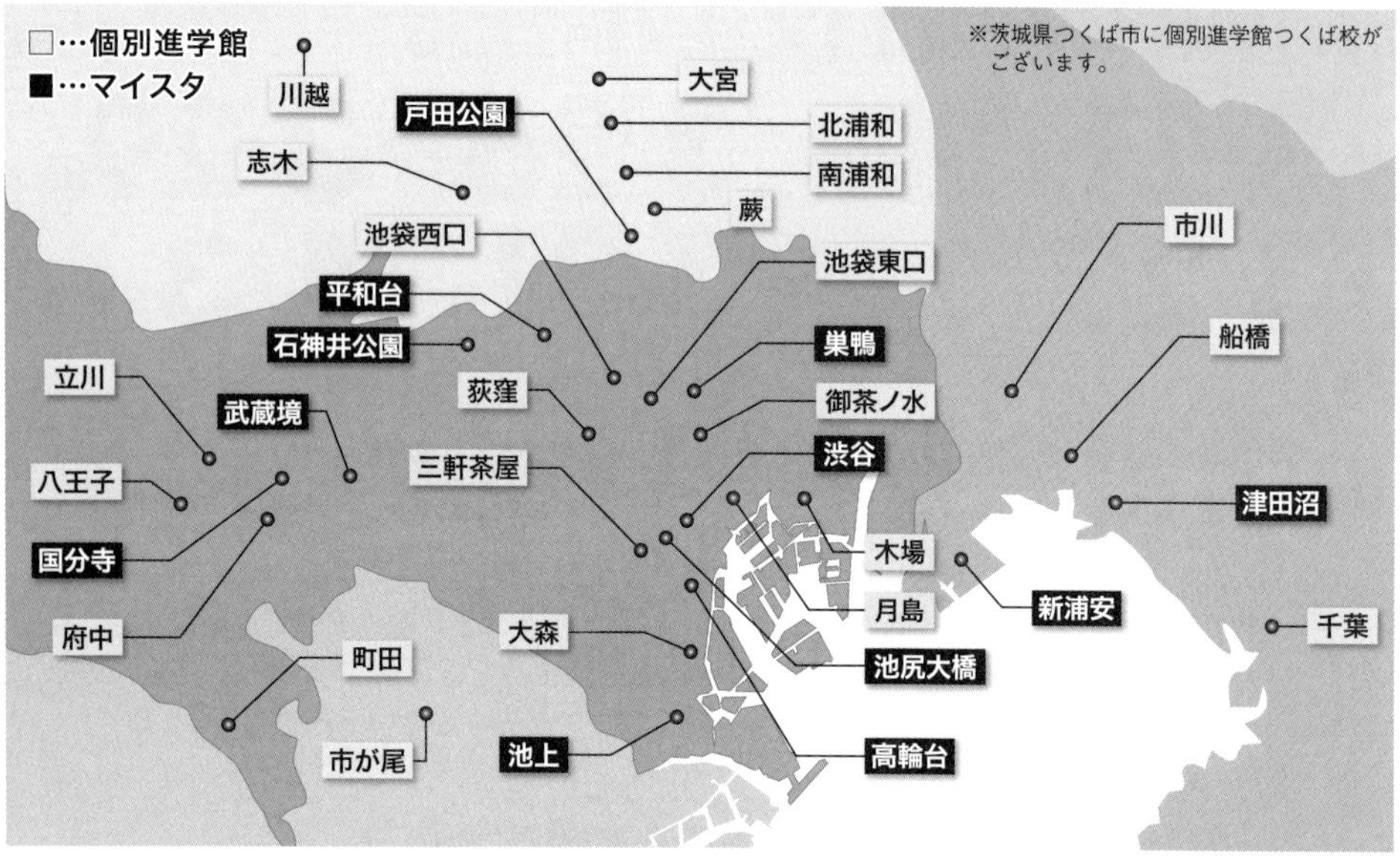

□…個別進学館
■…マイスタ
※茨城県つくば市に個別進学館つくば校がございます。
川越
大宮
戸田公園
北浦和
志木
南浦和
蕨
池袋西口
池袋東口
市川
平和台
石神井公園
巣鴨
船橋
立川
荻窪
御茶ノ水
武蔵境
渋谷
八王子
三軒茶屋
津田沼
国分寺
木場
新浦安
月島
府中
大森
千葉
町田
池尻大橋
市が尾
池上
高輪台

マイスタは2001年に池尻大橋教室・戸田公園教室の2校でスタートし、個別進学館は2010年の志木校の1校でスタートした、早稲田アカデミーの個別指導ブランドです。お子様の状況に応じて受講時間・受講科目が選べます。また、早稲田アカデミーの個別指導なので、集団授業と同内容を個別指導で受講することができます。マイスタは1授業80分で1:1または1:2の指導形式です。個別進学館は1授業90分で指導形式は1:2となっています。カリキュラムなどはお子様の学習状況、志望校などにより異なってきます。お気軽にお近くの教室・校舎にお問い合わせください。

悩んでいます… 新中2

クラブチームに所属していて、近くの早稲アカに通いたいのに、曜日が合わない科目があります。

解決します!

早稲アカの個別指導では、集団校舎のカリキュラムに準拠した指導が受けられます。数学だけ曜日があわないのであれば、数学だけ個別で受講することも可能です。もちろん、3科目を個別指導で受講することもできます。

悩んでいます… 新中3

いよいよ受験学年。中2の途中から英語が難しくなってきて、中3の学習内容が理解できるか心配です。

解決します!

個別指導はひとりひとりに合わせたカリキュラムを作成します。集団校舎で中3内容を、個別指導では中2内容を学習することも可能です。早稲田アカデミー集団校舎にお通いの場合は、担当と連携し、最適なカリキュラムを提案します。

悩んでいます… 新中3

中2範囲の一次関数がとても苦手です。自分でやろうとしても分からないことだらけで…。

解決します!

個別指導では範囲を絞った学習も可能です。一次関数だけ、平方根だけなど、苦手な部分を集中的に学習することで理解を深めることができます。『説明を聞く→自分で解く』この繰り返しで、分かるをできるにかえていきます。

Success15 Back Number

2014
3月号

どんなことをしているの？
高校生の個人研究・卒業論文
理系知識を活かしたコンテスト
SCHOOL EXPRESS
東京学芸大学附属
Focus on
千葉県立船橋

2014
2月号

勉強から不安解消まで
先輩たちの受験直前体験談
合格祈願グッズ
SCHOOL EXPRESS
開成
Focus on
千葉県立千葉

2014
1月号

冬休みの勉強法
和田式ケアレスミス撃退法
直前期の健康維持法
SCHOOL EXPRESS
早稲田大学本庄高等学院
Focus on
埼玉県立大宮

2013
12月号

東京大学ってこんなところ
東大のいろは
「ゆる体操」でリラックス
SCHOOL EXPRESS
早稲田大学高等学院
Focus on
埼玉県立浦和第一女子

2013
11月号

教えて大学博士！
なりたい職業から学部を考える
学校カフェテリアへようこそ
SCHOOL EXPRESS
慶應義塾志木
Focus on
千葉県立東葛飾

2013
10月号

模試を有効活用して
合格を勝ち取る！
中1・中2 英・国・数
SCHOOL EXPRESS
桐朋
Focus on
神奈川県立川和

2013
9月号

SSHの魅力に迫る！
東京歴史探訪
SCHOOL EXPRESS
法政大学第二
Focus on
東京都立立川

2013
8月号

現役高校生に聞いた！
中3の夏休みの過ごし方
自由研究のススメ
SCHOOL EXPRESS
中央大学附属
Focus on
埼玉県立浦和

2013
7月号

学校を選ぼう
共学校・男子校・女子校のよさを教えます！
使ってナットク文房具
SCHOOL EXPRESS
栄東
Focus on
神奈川県立横浜翠嵐

2013
6月号

今年出た！ 高校入試の
記述問題にチャレンジ
図書館で勉強しよう
SCHOOL EXPRESS
青山学院高等部
Focus on
東京都立国立

2013
5月号

難関校に合格した
先輩たちの金言
英語で読書
SCHOOL EXPRESS
山手学院
Focus on
東京都立戸山

2013
4月号

早大生、慶大生に聞いた
早稲田大学・慶應義塾大学
学校クイズ
SCHOOL EXPRESS
東邦大学付属東邦
Focus on
千葉市立千葉

2013
3月号

みんなの視野が広がる！
海外修学旅行特集
部屋を片づけ、頭もスッキリ
SCHOOL EXPRESS
早稲田実業学校
Focus on
東京都立日比谷

2013
2月号

これで安心
受験直前マニュアル
知っておきたい2013こんな年！
SCHOOL EXPRESS
城北埼玉
Focus on
神奈川県立横浜緑ヶ丘

2013
1月号

冬休みにやろう！
過去問活用術
お守りに関する深イイ話
SCHOOL EXPRESS
中央大学
Focus on
埼玉県立越谷北

2012
12月号

大学キャンパスツアー特集
憧れの大学を見に行こう！
高校生になったら留学しよう
SCHOOL EXPRESS
筑波大学附属駒場
Focus on
東京都立青山

2012
11月号

効果的に憶えるための
9つのアドバイス
特色ある学校行事
SCHOOL EXPRESS
成城
Focus on
神奈川県立柏陽

これより前のバックナンバーはホームページでご覧いただけます（http://success.waseda-ac.net/）

サクセス15 バックナンバー 好評発売中！

How to order バックナンバーのお求めは

バックナンバーのご注文は電話・FAX・ホームページにてお受けしております。詳しくは80ページの「information」をご覧ください。

Success15 4月号

高校受験ガイドブック2014④
早稲田アカデミー提携
Success15
夢が広がる高校選びの情報満載！
サクセス15
勉強も部活動も頑張りたいキミに
両立のコツ、教えます
水族館・動物園・博物館などの
ガイドツアーに行こう！
SCHOOL EXPRESS
慶應義塾高等学校
FOCUS ON
東京都立駒場高等学校

編集後記

みなさんは部活動に所属していますか？　私は学生時代運動部に所属し、朝練・昼練・放課後練と、汗まみれ砂まみれになりながら練習に励んでいました。部活動で疲れて勉強ができなくて…という言い訳をしょっちゅうしていた気がしますが、今回の特集で取り上げた学校の生徒さんは、みなさん勉強と部活動をきちんと両立させていて、本当にすごいと思いました。両立させるのは大変ですが、やり遂げた人にしか得られない達成感というのがあるはずです。もう１つの特集で取り上げた動物園や水族館のガイドツアーに参加するなどして息抜きしながら、勉強も部活動も頑張って、充実した学校生活を送ってください。（T）

Next Issue 5月号は…

Special 1
難関校合格者インタビュー

Special 2
学校の図書室紹介&オススメ本

School Express
お茶の水女子大学附属高等学校

Focus on 公立高校
神奈川県立厚木高等学校

サクセス編集室お問い合わせ先

TEL 03-5939-7928
FAX 03-5939-6014

高校受験ガイドブック2014④ サクセス15

発行	2014年3月15日　初版第一刷発行
発行所	株式会社グローバル教育出版 〒101-0047 東京都千代田区内神田2-4-2 ＴＥＬ　03-3253-5944 ＦＡＸ　03-3253-5945 http://success.waseda-ac.net e-mail　success15@g-ap.com 郵便振替　00130-3-779535
編集	サクセス編集室
編集協力	株式会社 早稲田アカデミー

Information

『サクセス15』は全国の書店にてお買い求めいただけますが、万が一、書店店頭に見当たらない場合は、書店にてご注文いただくか、弊社販売部、もしくはホームページ（左記）よりご注文ください。送料弊社負担にてお送りします。定期購読をご希望いただく場合も、上記と同様の方法でご連絡ください。

Opinion, Impression & etc

本誌をお読みになられてのご感想・ご意見・ご提言などがありましたら、ぜひ当編集室までお声をお寄せください。また、「こんな記事が読みたい」というご要望や、「こういうときはどうしたらいいの」といったご質問などもお待ちしております。今後の参考にさせていただきますので、よろしくお願いいたします。